Linde von Keyserlingk

Die schönsten Geschichten für die Kinderseele

Edvard Munch, Der Zauberwald (J. Lathion) --vollständige Reproduktion

HERDER spektrum

Band 5799

Das Buch

„Die Seele macht, dass wir leben" – und die Geschichten dieses Buches stärken die Seele und das Lebendige in den Kindern und in uns. Sie machen Mut und spenden Trost, bringen zum Lachen und zum Staunen: es sind Geschichten, die unmittelbar die Gefühle von Kindern ansprechen. Das ganze Leben kommt in ihnen vor – Freundschaft, Trennungen und Neuanfänge, Angst, Abschiednehmen, Mut und Zueinanderhalten. Zum Vorlesen genauso wie zum Selberlesen, und besonders geeignet, ins Gespräch zu kommen und Lösungen in schwierigen Lebenssituationen zu finden: Geschichten, die gut gehen, auch wenn es schlecht aussieht!

Die Autorin

Linde von Keyserlingk, Familientherapeutin, zahlreiche Fachpublikationen, Hörfunkautorin, viele Geschichtenbücher. Mutter von sieben Kindern. Lebt in Stuttgart.

Linde von Keyserlingk

Die schönsten Geschichten für die Kinderseele

HERDER

FREIBURG · BASEL · WIEN

Gedruckt auf umweltfreundlichem,
chlorfrei gebleichtem Papier

www.herder.de
Herstellung: fgb · freiburger graphische betriebe 2006
Umschlaggestaltung und Konzeption:
R · M · E München / Roland Eschlbeck, Liana Tuchel
Umschlagmotiv: Edvard Munch, Der Zauberwald (Detail)

Foto: J. Lathion / National Museum for Art, Architecture and Design, Oslo
ISBN-13: 978-3-451-05799-1
ISBN-10: 3-451-05799-9

Inhalt

Geschichten über Trennungen und Neuanfänge

Geschichten für die Kinderseele

Geschichten über den Tod und das Abschiednehmen

Vorwort

Was ist das eigentlich, die Seele? Mit dieser Frage regt man oft lebendige, ja leidenschaftliche Gespräche an, die alle Beteiligten erstaunt oder gerührt zurücklassen. Kinder reagieren aber ganz unbefangen:

„Die Seele ist unsichtbar."

„Gar nicht! Sie guckt doch aus den Augen raus."

„Aber nur, wenn wer lebt. Wenn jemand stirbt, fliegt sie davon wie ein Vogel."

„Vögel haben auch Seelen."

„Und Katzen. Alle Tiere, auch Frösche."

„Wenn man weinen muss, das macht die Seele."

„Lacht sie auch?"

„Sie macht überhaupt, dass wir leben."

„Komisch, dass man sie dann nicht sieht."

„Luft sieht man ja auch nicht. Trotzdem ist sie da. Sonst könnten wir auch nicht leben."

„Gott hat Adam die Seele eingepustet."

„Wer hat uns denn die Seele eingepustet?"

„Na, wahrscheinlich die Mutter."

„Ne, ich hatte schon eine mitgebracht."

„Das weißt du doch gar nicht."

„Du ja auch nicht."

Nein, wir alle wissen es nicht. Von Plato bis Wittgenstein, von Thomas von Aquin bis Friedrich Nietzsche, von Aristoteles bis C.G. Jung haben sich Menschen mit dieser Frage beschäftigt und keine einheitliche Antwort gefunden. Wie auch, da die Existenz der Seele auf unbeweisbaren Voraussetzungen beruht. Darum benutzt die moderne Psychologie den Seelen-Begriff überhaupt nicht mehr. Dennoch war und ist „die Seele“ ein fester Begriff in Religion, Philosophie und im Alltagssprachgebrauch. Wir bezeichnen einen öden Raum, ein ausdrucksloses Gesicht als „seelenlos“. Liebende und Dichter benutzen das Wort Seele häufig um etwas auszudrücken, das über das messbare, zählbare und beweisbare Materielle hinausgeht, das den Zauber und das eigentlich Lebenswerte ausmacht, das sich nicht nur in uns, sondern auch zwischen den Menschen abspielt. Das schließt an eine klassische Vorstellung über die Seele an: sie sei ihrer Bestimmung nach eine immaterielle Substanz, einfach, sich selbst gleich bleibend, unsterblich und allgegenwärtig.

> „Deine Seele, die die meine liebet,
> ist verwirkt mit ihr im Teppichtibet“
> (Else Lasker-Schüler)

In ähnlichem Sinne verwende ich das Wort Kinderseele. Es ist unbestreitbar, dass ein Kind zuerst einmal Nahrung, Kleidung, Behausung, medizinische Versorgung und Bildung braucht. Aber das, was uns recht eigentlich zu Menschen macht, ist die Seelennahrung, die wir empfangen und weitergeben. Man kann sie auch Empathie, Liebe, Wohlwollen, oder einfach Menschlichkeit nennen. Davon bekommen wir oft zu wenig und geben zu wenig. Wir verstummen angesichts von Kummer und Ungerechtigkeit, weil wir nicht wissen, was wir sagen sollen. Oder weil unsere Hoffnung, unser Mut und die Kraft unserer Phantasie zu gering sind.

Es bedarf manchmal eines „Zauberapfels“ oder eines „Kummersteins“ um das Leben und auch das Sterben für Kinder verstehbar und lebbar zu machen. Davon erzählen die Geschichten für die Kinderseele, die zugleich auch Geschichten für das vielleicht noch immer ungetröstete Kind im Erwachsenen sind.

Ich sehe mich in meinem Beruf als Therapeutin tief in der Humanistischen Psychologie verwurzelt.

„Die Humanistische Psychologie wurde auch als „Human Potential"-Bewegung bezeichnet. Sie zeichnete das Bild eines Menschen, der weder von innen determiniert ist (durch Triebe etwa), noch von außen, sondern der als im Kern gutes Wesen mit einem unerschöpflichen Potential an Möglichkeiten ausgestattet ist – wovon er im Allgemeinen nur einen geringen Teil nutzt. Empathie richtet sich dann nicht nur auf das Leiden einer Seele, sondern auch auf die in ihr schlummernden Möglichkeiten. Die Frage: „Wie könnte der liebe Gott diesen Menschen gemeint haben?" fragt, welche Möglichkeiten im Menschen schlummern und darauf warten, entdeckt zu werden. Von der *Rekonstruktion* des Leidens kommen wir zur *Konstruktion* neuer Möglichkeiten." *

Dies geschieht am leichtesten durch das Erzählen von beispielhaften Lebensgeschichten. Eltern, Lehrer und Therapeuten als Geschichtenerzähler, die durch ihre Geschichten, Metaphern und Symbole den „Möglichkeitsraum" erweitern und Handlungen aus alteingefahrenen Mustern lösen.

Auch eine Scheidung kann human verlaufen, einen „Prinz auf der Flucht" kann man verstehen und muss ihn nicht nur verurteilen, man kann gemeinsam einen Tod betrauern, statt ihn zu verschweigen.

Für all dies sind die Geschichten Beispiel und Anregung. Man kann sie vorlesen und selbst lesen, auch nacherzählen, da wo sie passen. Aber auch ohne Anlass einfach so, denn Schicksal

---

*Arist von Schlippe: In des Menschen Brust ist Unendlichkeit, Universität Osnabrück, 2000

geschieht uns nicht nur selbst, wir erleben es auch bei anderen mit. Das erzählte Leben schließlich, kann auf die Zukunft vorbereiten oder der Vergangenheit eine neue Bedeutung geben. Wer an neue und ungewöhnliche Möglichkeiten denken kann, hat Hoffnung. Ich glaube, wir alle können etwas dazu beitragen, dass die Allgegenwart der Seele so betrachtet, beschrieben und *belebt* wird, wie es ihr zukommt.

Linde von Keyserlingk

Geschichten für die Kinderseele

Nichts gesagt

Im Remstal hat die Elsbeth gewohnt. Gleich nebenan vom Bauern Heinrich. Morgens musste sie immer die Milch zum Frühstück holen. Einmal, als die Elsbeth den Milchtopf auf den Tisch gestellt hat, ist grade die Katze angesprungen gekommen. Die hat den Milchtopf umgestoßen.

In diesem Moment kam die Mutter zur Tür herein und hat gerufen: „Jetzt sei doch nicht immer so ungeschickt, Elsbeth. Schnell, hol einen Lappen und putz es wieder weg."

Die Elsbeth hat nichts gesagt.

Elsbeth hatte noch einen kleinen Bruder. Der hieß Thomas. Eines Tages, zur Mittagszeit, hat sie den Thomas vom Kindergarten abgeholt. Der Thomas ist in alle Pfützen reingetreten und hat nicht auf die Elsbeth hören wollen. Seine Hosenbeine sind ganz dreckig geworden. Als sie heimgekommen sind, stand der Vater schon in der Türe. „Ja, kannst du denn nicht besser auf deinen kleinen Bruder aufpassen, Elsbeth?" hat er gesagt.

Die Elsbeth hat nichts gesagt.

Sie ist schon in die Schule gegangen, die Elsbeth, und manchmal hat sie auch am Nachmittag Unterricht gehabt. Handarbeit zum Beispiel. Einmal hat ihr der freche Kurt das ganze

Strickzeug verwirrt. Da ist die Lehrerin gekommen und hat gesagt: „Elsbeth, wenn du weiter so schlampig bist, muss ich dir eine Sechs geben."

Die Elsbeth hat nichts gesagt.

Für ihr Alter war die Elsbeth ziemlich klein und schüchtern. So haben die anderen Kinder gedacht, sie könnten sich über sie lustig machen. Auf dem Heimweg haben die große Regine und der freche Emil sie geschubst. „Du hohle Nuß!" haben sie gerufen. Die Elsbeth ist hingefallen und hat ein großes Loch im Strumpf und im Knie gehabt. „Dein Knie heilt von allein, der Strumpf nicht", hat die Mutter gesagt. „Du solltest besser aufpassen, wo du hintrittst."

Die Elsbeth hat nichts gesagt.

Zum nächsten Sonntag hat die Oma von der Elsbeth einen Hefezopf gebacken. Schon am Samstag. Und den hat sie bis zum anderen Tag in die Speisekammer gestellt. In der Speisekammer aber haben die Mäuse den Hefezopf angeknabbert. Das hat ausgesehen, als ob Kinderzähnchen daran genagt hätten. Als die Oma am Sonntag den Kaffeetisch gedeckt hat, da hat sie das bemerkt. Zu ihrer Zeit hätten die Kinder nicht genascht, hat sie gesagt, und das Naschen sei eine ganz große Unart. Und dabei hat sie immerzu die Elsbeth angeschaut, ganz vorwurfsvoll.

Die Elsbeth hat nichts gesagt.

Aber dann, als alle schon dabei waren, den restlichen Hefezopf in sich hineinzustopfen und die Großen Kaffee und die Kleinen Kakao getrunken haben, da hat die Elsbeth ganz plötzlich zu Heulen angefangen und konnte gar nicht mehr aufhören, hat geschluchzt und gerotzt und geplärrt wie ein Sturzbach im Frühling.

Da hat der Opa das Elsbethle auf den Schoß genommen, hat ihm die Nase geputzt und nur gesagt: „Jetzt erzähl' halt mal."

Da ist alles mit einem Mal aus der Elsbeth herausgesprudelt: Das mit der Katze, der Mama, dem Thomas, dem Papa, dem Kurt, dem Strickzeug, der Lehrerin, der bösen Regine, dem Knie und den Strümpfen, den Mäusen, dem Hefezopf und der Oma. Plötzlich haben alle ganz bedeppert geschaut. „Ja, warum hast du denn nichts gesagt?" haben sie gesagt.

Maschas Schürzchen

Wisst ihr, wo Pitešti liegt? Ich auch nicht. Aber da hat einmal die Mascha gewohnt, ehe sie zu uns ins Schwabenland gekommen ist: nach Weil im Dorf, da, wo auch die Oma Schätzle gewohnt hat.

Die Mascha ist damals acht Jahre alt gewesen und die Oma Schätzle achtundachtzig. In Wahrheit hat sie gar keine eigenen Enkelkinder gehabt, die Frau Schätzle. Aber gerade deshalb ist sie von allen die Oma gewesen. Besonders von der Mascha.

„Du Oma", hat die Mascha gesagt, „mich haben sie gar nicht genug Kastanien sammeln lassen."

„Ja, wieviele hast du denn gehabt?" hat die Oma gefragt.

„Zuerst war meine Schürzentasche voll. Aber als ich heimgekommen bin, da war sie nicht mehr voll."

„Merkwürdig", hat die Oma gesagt.

Einmal hat der nette, alte Apotheker allen Kindern Hustenbonbons geschenkt. „Aber ich hab gar nicht viel gekriegt", hat die Mascha sich beklagt.

„Ja, wieviele hast du denn gekriegt?" hat die Oma gefragt.

„Zuerst war meine Schürzentasche voll. Aber daheim war sie dann leer."

Merkwürdig hat die Oma Schätzle das gefunden.

„In der Schule hat heute der Lehrer die Kinder gelobt, und viele haben Fleißbildchen gekriegt", hat die Mascha erzählt.

„Na, du bist doch auch so ein fleißiges Lieschen. Du hast doch sicher auch was gekriegt. Was schaust denn so betrübt?"

„Ha“, hat die Mascha gesagt und traurig auf ihr Schürzchen geguckt. „Ich hab bloß eins gekriegt.“

In diesem Jahr gab es unglaublich viele Zwetschgen. Darum hat die Bäuerin vom Schmiederhof viele hergeschenkt.

Aber auch davon hat die Mascha nicht genug bekommen. „Ja, hast du dein Schürzchen nicht aufgehalten?“ hat die Oma gefragt.

„Doch“, hat die Mascha gesagt und fast geweint. „Aber jetzt ist nichts mehr drin. Bloß noch Flecken.“

Da ist die Oma Schätzle energisch geworden.

„Zeig mir mal die Schürze“, hat sie gesagt. „Ja was. Ja wie. Da ist ja ein großes Loch drin. Das ist ja ein Faß ohne Boden! Kein Wunder, dass du nie genug kriegst.“

Die Oma Schätzle hat das Schürzchen genommen, hat es gewaschen, gebügelt und geflickt, mit einem großen, festen Flicken. Mascha ist dabeigesessen und hat erzählt, wie das war, weit weg von Pitesˇti und im Flüchtlingslager, wo es keinen Kastanienbaum, keine Bonbons, keine Schule und keine Zwetschgen gegeben hat.

„Ja, weißt du“, hat die Oma gesagt, „das, was du da alles nicht gekriegt hast, das macht ein großes Loch. Da fällt alles durch. Das Loch ist einfach zu groß. Das kann man nicht zustopfen. Das kann man nur flicken.“

Die Mascha hat ein nachdenkliches Gesicht gemacht.

„So“, hat die Oma dann gesagt und den Nähfaden abgebissen. „Jetzt ist das Schürzchen geflickt!“

Da hat die Mascha ihre Schürze wieder umgebunden, und die Oma hat ihr Rosinenwecken in die Taschen gefüllt.

Als die Mascha diesmal zu Hause angekommen ist, waren die Wecken alle noch da, mehr als genug.

Ein Mops aus lila Glas

Weihnachten ist halt eine schöne Zeit, denkt der Jockel und schnuppert den Duft von Tannenreis. Bald wird die erste Kerze auf dem Adventskranz brennen, Plätzchen werden gebacken und überall gibt es Geheimnisse.

„Komm hier nicht rein, guck da nicht hin", heißt es immerzu.

Die jüngeren Geschwister bekommen einen Adventskalender, damit sie die Tage bis zum Christfest besser zählen können.

Und dann, endlich, ist es soweit. Nachdem alle eine Weile im Dunkeln gewartet haben, ertönt das Glöckchen, die Tür geht auf, und da steht der Weihnachtsbaum im Lichterglanz. Alle singen, sind aufgeregt und haben so ein kribbeliges Gefühl im Bauch.

Der Großvater liest die Weihnachtsgeschichte vor und die Kinder schielen schon mal auf die vielen Päckchen.

Alle Jahre wieder!

Dann werden mit Hallo die Geschenke ausgepackt. Das ist eine Freude – und manchmal auch insgeheim eine Enttäuschung. Der Jockel schluckt ein bisschen, weil die Skier, die er bekommen hat, eigentlich nicht die Skier sind, die er sich gewünscht hat, sondern die von seinem älteren Bruder. Aber die Bindung ist neu, echt klasse. Da kann man nicht meckern.

Die kleinen Schwestern spielen mit der Puppenküche, die große Schwester liest, der Bruder probiert seinen Anorak an, der Vater schaut ab und zu in der Küche nach dem Weihnachtsbraten, Großvater streichelt Großmutters Hand, Tante Klara hat die Katze auf dem Schoß und die Mutter streicht das

Einwickelpapier glatt. Jockel knabbert an einem Plätzchen. „Bei uns ist es richtig schön", denkt er.

Plötzlich ertönt ein Schrei. „Da, da!"

Die kleine Annegret zeigt auf das Krippenhaus unterm Weihnachtsbaum. Alle springen auf. Auch der Vater kommt aus der Küche angerannt, weil er denkt, es brennt.

„Ein fremder Mops", schreit Annegret. Und jetzt sehen es alle: Mitten unter den schönen, altbekannten Holzfiguren sitzt ein Mops. Direkt neben dem Jesuskind sitzt er und ist – aus lila Glas.

„Wo kommt der denn her?"

„Der gehört doch gar nicht dazu!"

„So ein Kitsch!"

„Eine Geschmacklosigkeit ist das."

„Der muss wieder weg."

„Weiß jemand, wie der hier hergekommen ist?"

Alle rufen durcheinander. Jeder sieht fragend den anderen an.

Der kleine Fremdling sitzt da und schaut mit seinem traurigen Mopsgesicht zur Gottesmutter auf.

„Entschuldige, dass ich geboren bin", scheint er zu sagen. Maria lächelt wie immer. Auch die anderen Figuren zeigen keinerlei Überraschung. Joseph hält die Laterne hoch und leuchtet den Hirten, die heiligen drei Könige biegen gerade um die Hausecke, vom Dach schauen die pausbäckigen Engelchen herunter, und Ochs und Esel wärmen das Neugeborene mit ihrer Nähe.

„Aber Mama", sagt Annegret vorwurfsvoll. „Dieser Mops ist doch fremd."

„Na ja", antwortet die Mutter. „Wir alle waren uns ja mal fremd."

Jockel schaut sich an, schaut seine Mutter an, schaut in die vertraute Runde seiner Familie.

„Ach wo!“ sagt er.

„Aber ja“, sagt die Mutter. „Als du geboren wurdest, hatten weder ich noch sonst jemand dich je vorher gesehen. Du warst zwar nicht aus lila Glas, aber du sahst doch ziemlich fremd aus.“

Alle lachen. „Jockel war ein lila Mops, Jockel war ein lila Mops“, singt Annegret.

„Du aber auch“, mault Jockel. Er ist ein bisschen gekränkt, muss der Mutter aber irgendwie Recht geben.

Der fremde Mops aus lila Glas bleibt bei den altbekannten Holzfiguren stehen. Bald ist er allen so vertraut, als wäre er schon immer dagewesen. Gar nicht mehr wegzudenken ist er von der Krippe, die durch ihn zu etwas ganz Besonderem geworden ist.

Der bitterböse Friedrich

Es gab einmal einen Friedrich, der war bitterböse. „Wenn der Tag lang ist, tut er alles, was Gott verboten hat“, sagten die Leute und seufzten. Wenn Friedrich morgens aufstand, um in die Schule zu gehen, dann schlief sein Vater noch seinen Rausch aus. Seine Mutter war schon in der Waschküche und die kleinen Geschwister heulten rum. Friedrich schnitt sich einen Brotkanten ab, haute seiner kleinen Schwester, die auch einen wollte, auf die Finger und knallte die Tür hinter sich zu.

Traf er einen Hund, so bewarf er ihn mit Steinen, sah er eine Kröte, so trat er sie tot. Er zerstörte im Vorbeigehen die Sandburg der Nachbarskinder, warf den Puppenwagen von Anneliese um und das Tintenfass von Karl. Er schlug Ottmar das Wurstbrot aus der Hand, so dass es mit der Butterseite nach unten in den Schmutz fiel und stellte der Lore ein Bein. Über ihr aufgeschlagenes Knie lachte er dann hämisch.

Alle Kleineren in der Klasse hatte er schon verprügelt und sieben zerbrochene Fensterscheiben gingen auf sein Konto. Wenn der Lehrer von den Missetaten erfuhr, verprügelte er Friedrich mit dem Rohrstock und stellte ihn in die Ecke.

Zu Hause musste Friedrich den Garten umgraben, Holz hacken, Wasser tragen und auf seine kleinen Geschwister aufpassen. Wenn er das nicht ordentlich machte, haute ihm sein Vater eine runter. Wenn er ein Loch in seine Hose riss, gab seine Mutter ihm eins hinter die Ohren. Friedrich kniff und haute seine kleinen Geschwister. Er konnte niemanden leiden und niemand mochte ihn.

Eines Tages ging er über den Markt. Da saß eine alte Frau mit einem Apfelkorb. Friedrich kickte im Vorbeigehen den Apfelkorb um. „Hexe, Hexe", rief er schadenfroh und wollte weitergehen. Aber da blieb er plötzlich wie angewurzelt stehen. Was hatte er da gehört? „Komm doch mal her, Friederle", hatte die alte Frau gerufen. Noch nie in seinem Leben hatte jemand Friederle zu ihm gesagt. „Jetzt komm halt, Friederle. Nimm dir einen Apfel und tu die anderen wieder in den Korb, sei so gut."

Traumwandlerisch tat Friedrich, wie ihm geheißen. „Jetzt setz dich mal ein bisschen zu mir", sagte die alte Frau und hielt mit Friedrich ein Schwätzchen. Zum Schluss sagte sie: „Der Apfel, den du gerade gegessen hast, das ist ein Zauberapfel gewesen. Das wirst du schon merken."

Daran musste der Friedrich nun immerzu denken und bald wusste er, was der Zauber war: Er war langsam geworden. Hob er einen Stein auf, um den Hund zu bewerfen, so blieb seine Hand auf halbem Wege stehen. „Was für ein schöner weißer Kieselstein", dachte er und steckte ihn in die Tasche. Als nächstes blieb sein Fuß in der Luft hängen, mit dem er die Kröte zertreten wollte. So hatte er Gelegenheit, ihre goldenen Augen zu betrachten.

Er entdeckte den Tunnel in der Sandburg und die komische Mickymaus im Puppenwagen. Er war zu langsam, um Lore ein Bein zu stellen und sah zum ersten Mal ihre Sommersprossen. Er bot Ottmar seinen Brotkanten zum Tausch gegen das Wurstbrot an und der verblüffte Ottmar ging darauf ein. Am Ende der Schulstunde ließ der Lehrer seinen Blick durch die Klasse streifen. „Haben wir nicht etwas vergessen?" fragte er. Aber er kam nicht darauf, was es sein könnte.

Nachmittags erledigte Friedrich seine Aufgaben schnell und ordentlich. Dann durfte er mit seiner kleinen Schwester zum Markt gehen. Da saßen dann die beiden eine Weile bei der Apfelhexe und hielten ein Schwätzchen.

Dass einmal in seinem Leben jemand „Friederle“ zu ihm gesagt hat, das wird der Friedrich sein Lebtag nicht vergessen.

Der Prinz auf der Flucht

Riad sitzt am Straßenrand und erzählt: „Das sieht man doch, dass du mal bessere Tage erlebt hast“, hat der nette Kaufmann zu mir gesagt. „Hier hast du ein Paar neue Jeans und einen anständigen Pullover. Der ist zwar zu groß, aber macht nichts. Du wirst ihn ja lange tragen müssen.“

Die Kinder um Riad herum staunen. Sie betrachten voller Bewunderung seine neuen Jeans und den großen Pullover. Dass es so einen netten Kaufmann gibt!

„Und dann hat er noch gesagt: Ein Prinz auf der Flucht braucht auch Freunde. Und Freunde brauchen Geschenke! Hier!“ Riad zieht aus einer Plastiktüte lauter kleine, hübsche, bunte Autos.

„Die hat der nette Kaufmann mir für meine Freunde gegeben. Ihr seid doch meine Freunde?“

Klar! Alle sind jetzt Riads Freunde. Und gerne essen sie mit ihm zusammen auch noch die Süßigkeiten, die der nette Kaufmann dem flüchtigen Prinzen eingepackt hat.

Doch da steht plötzlich Hugo zwischen ihnen, groß und böse. Hugo von der anderen Straßenseite.

„Alles Lüge!“ schreit er. „Das hat er doch alles geklaut. Drüben im Kaufhaus. Na klar, das hab ich doch gesehen!“

Riad macht noch einen schwachen Versuch.

„Gar nicht wahr…“, sagt er.

„Na warte“, schreit Hugo, der nichts abgekriegt hat. „Das werden wir ja sehen.“

Eben war alles noch so schön. Ein Märchen aus Tausendundeiner Nacht. Nun ist es verschwunden, hat sich aufgelöst wie eine rosa Wolke am Abendhimmel.

Na ja, ihr wisst ja, wie so was weitergeht. Die Polizei, der Kaufhausdirektor, die Tante, bei der Riad wohnt, das Jugendamt, alle versuchen, die Sache wieder in Ordnung zu bringen, den Schaden zu beheben und Riad zu einem ehrlichen Menschen zu erziehen.

Erst nach einer Woche kommt Riad wieder in seine zweite Klasse. Er drückt sich an der Wand entlang und schleicht auf seinen Platz, so als wolle er sich unsichtbar machen. Aber das kann er leider nicht. Alle Kinder sehen ihn an und wissen nicht, was sie von ihm halten sollen. Ist er böse?

Dann kommt der Lehrer und sagt: „Zuerst einmal erzähl' ich euch eine Geschichte.

Es gab einmal einen kleinen Jungen, der lebte glücklich mit seiner Familie in einem schönen Haus. Dann kam der Krieg in dieses Land. Der Krieg zerstörte das schöne Haus und tötete die Eltern und Geschwister des Jungen.

Zum Glück hatte der Junge noch eine Tante, die nahm ihn mit in ein Land, wo kein Krieg war, wo schon seit 50 Jahren Frieden war.

In diesem reichen Land konnten sie zwar leben, aber sie waren sehr arm. Um ihn zu trösten, erzählte die Tante dem Jungen oft Märchen von Prinzen und Zauberern. Und der Junge, der sehr allein war und niemanden hatte, mit dem er über seine tote Familie reden konnte, dieser Junge wollte, dass einmal ein Märchen wahr würde. Er ging in ein Kaufhaus, streifte nur so durch die Regale, und schon war er wieder draußen. Jetzt hielt er in der Hand, wovon er sonst nur träumte und war glücklich. Sogar Freunde hatte er auf einmal. Aber das alles dauerte nur eine kurze Stunde, denn ein Traum ist ein Traum und die Wirklichkeit ist die Wirklichkeit. Den Unterschied müssen wir alle lernen und beachten.

Allerdings steht nirgends geschrieben, dass es eine neue Hose oder Freunde oder Bonbons nur im Traum geben kann.

So – und jetzt nehmt eure Hefte raus“, sagt der Lehrer und fängt an, die Rechenaufgaben an die Tafel zu schreiben.

„Ach so!“ sagt Felix nach einer Welle (bei manchen rutscht der Groschen halt langsam). Er schiebt seinem Nebensitzer einen Kaugummi rüber und sagt leise: „Wenn du mal Geschwister brauchst, Riad, ich hab davon mehr als genug. Und auch Äpfel!“

Geschichten über Freundschaft

Der Fuchs auf dem Klo

Es war einmal ein kleiner Fuchs, der war ziemlich aufmüpfig. Das sagten jedenfalls die Nachbarn und der Lehrer.

„Ich werde einfach nicht mehr mit ihm fertig“, jammerte die Fuchsmutter, während sie die jüngeren Geschwister fütterte und den älteren das Jagen beibrachte.

Am wenigsten konnte es der kleine Fuchs vertragen, wenn ihm etwas verboten oder ein Wunsch abgeschlagen wurde. So kam es, dass er in einem solchen Moment voller Wut seine Mutter anschrie: „Du bist eine dumme Gans!“

Das ist nun wirklich das Allerschlimmste, was man einer Füchsin sagen kann, das wird jedermann verstehen. Kaum war der böse Satz gefallen, wurde auch dem kleinen Fuchs klar, was er da angerichtet hatte. In wilder Panik flüchtete er, rannte und rannte und merkte viel zu spät, dass er ins Dorf der Menschen gekommen war. Plötzlich wollte er sich nur noch verstecken, rannte in die erste offene Tür und gleich auch noch in die nächste. Die fiel hinter ihm ins Schloss. Da drückte er sich verängstigt in eine Ecke, um zu verschnaufen.

Das Haus gehörte dem Doktor und als der mal aufs Klo gehen wollte, wen fand er da neben der Kloschüssel versteckt? Den kleinen aufmüpfigen Fuchs. Er redete ihm gut zu und wollte ihn raustragen. Aber der kleine Kerl war so verängstigt, dass er wie wild im Viereck herumsprang, fauchte und kratzte.

Schließlich blieb dem Doktor nichts anderes übrig, als das Telefon zu nehmen und die Polizei zu rufen.

Nun war aber gerade der 1. April und jetzt dachte die Polizei natürlich, der Doktor wolle sie auf den Arm nehmen. Ein Fuchs im Klo! Wo gibt's denn so was. Sie lachten herzlich, waren aber auch ein bisschen ärgerlich.

Es dauerte sehr lange, bis der ehrenwerte Doktor die Polizei davon überzeugen konnte, dass es sich wirklich so verhielt und er in diesem Falle Hilfe brauchte.

Zwei Polizisten kamen also im Streifenwagen und hatten auch gleich einen Katzenkäfig mitgebracht. „Das werden wir gleich haben", sagte der eine Polizist forsch und öffnete die Klotür.

Aber er hatte die Rechnung ohne den Fuchs gemacht. Wie ein Kugelblitz sprang der nun wieder im Viereck herum und ließ sich von niemandem erwischen, wollte aber das Klo auch nicht verlassen. Der Doktor war unterdessen zum Nachbarn aufs Klo gegangen, damit er sich nicht auch noch in die Hosen machte.

Als er wiederkam, saß der kleine Fuchs verängstigt auf dem Spülkasten, jeder Zeit bereit, wieder los zu toben. „Hätt' ich doch auf der ganzen Welt nur einen einzigen Freund, der mir hier raushilft", dachte sich der kleine Fuchs. Aber er schaute ganz böse.

„Weiß jemand, wo die Mutter von dem Jungen wohnt?" fragte der eine Polizist und lachte.

„Ach, du bist gut", sagte der andere. „Aber wenn jemand das weiß, dann ist es der Förster." Und er lachte auch.

„Dann rufen Sie den doch bitte an", sagte der Doktor, denn er traute sich nun nicht mehr, es selbst zu tun. Das war auch berechtigt, denn heute, am 1.April, wollte auch der Förster der Sache nicht trauen. „Wegen einem Fuchs im Klo vom Doktor soll ich kommen? Da lachen ja die Hühner!"

Der Polizist musste richtig amtlich werden, um den Förster zum Kommen zu bewegen. Schließlich kam er doch und brachte auch gleich sein Gewehr mit.

Der alte Förster schaute durch einen Spalt der Klotür. Als er sah, dass es der kleine aufmüpfige Fuchs war, schmunzelte er und stellte sein Gewehr in die Ecke. Er versuchte erst gar nicht den Fuchs zu fangen und schickte auch die Polizisten und den Doktor weg. Die konnten solange in der Küche einen Kaffee trinken.

Der kleine Fuchs sass jetzt auf dem Rand des Klodeckels. Nur ein ganz kleines bisschen machte der alte Förster die Tür auf und hockte sich hin, sodass seine Augen in der Höhe der Augen des kleinen Fuchses waren. Dann fing er an zu reden. Er erzählte leise dies und das, von Pilzen und Tannenzapfen, von Eichhörnchen und Eichelhähern. Und der kleine Fuchs hörte zu. Die Kleider des Försters strömten den Geruch des Waldes aus. Und auch das Lodengrün kam ihm irgendwie bekannt vor. Die Stimme des Försters klang wie das Knarren und Wispern der Bäume. Das alles beruhigte den kleinen Kerl. Sein Herz schlug wieder langsamer, seine Angst schwand dahin und schließlich schlief er ein. Da nahm der alte Förster ihn vorsichtig auf den Arm und trug ihn zurück in den Wald, zu Mama Fuchs, wo er hingehörte.

Die Muschelfee

Robin war schon früh aufgewacht, denn auf diesen Tag hatte er lange gewartet: Endlich Ferien. Er sprang aus dem Bett und rannte hinaus. Grünlichblau lag das große Meer vor ihm und rauschte und rauschte. Fast hatte er ein bisschen Angst vor so viel endloser Weite.

Dann sah er am Strand ein Mädchen gehn, langsam, wie schwebend. Es hatte lange blonde Zöpfe und gefiel ihm. Langsam ging es an ihm vorbei und verschwand wieder. Robin kehrte in seinen Bungalow zurück.

Dies war nämlich kein gewöhnliches Ferienhotel. Es bestand aus lauter kleinen Häuschen, die im Dünenwald verstreut lagen und Bungalow hießen. Robins Eltern waren jetzt aufgewacht.

„Na?" rief seine Mutter erwartungsvoll. „Wie gefällt es dir hier, mein Ferienbub?"

Robin war nämlich jetzt Erstklässler. Darauf war er sehr stolz. Er hatte immer seine Vettern und Cousinen beneidet, die alle schon in der Schule waren und so spannende Dinge zu erzählen hatten, unter Schulstress litten und sich so richtig auf die Ferien freuen konnten.

„Jetzt will ich aber auch in die Schule!" hatte er vorwurfsvoll zu seinen Eltern gesagt.

„Was hast du's denn so eilig?" wollte der Vater wissen

„Na, damit ich auch endlich mal Ferien kriege!" sagte Robin und fand das nicht mehr als recht und billig. Und jetzt war es endlich so weit: Dies waren Robins erste große Ferien.

Schon das Frühstück war so toll. Sie gingen in ein „Frühstückshaus". Viele Gäste waren schon da. In der hinteren Ecke saß auch das Mädchen vom Strand mit seinen Eltern und Geschwistern. Sie sah manchmal zu ihm herüber und dann schnell wieder weg. Robin aß einen Müslibecher und zwei Brötchen mit Marmelade und dann noch Rührei.

„Morgen gibt's auch wieder was", sagte sein Vater lachend.

Am Badestrand traf Robin das Mädchen wieder. Dort lagen ein paar große graue Steine, wie Tiere, die sich im Wasser suhlen. Auf so einem Stein saß das Mädchen und ließ die dünnen Beine ins Wasser baumeln.

„Schade, dass ich sie nicht kenne", dachte Robin und tat so, als würde er sich überhaupt nicht für sie interessieren. Er hatte nämlich keine Ahnung, wie man jemanden kennen lernen kann, den man vorher nicht kennt.

Der erste Tag verging schnell. Robin fiel totmüde in sein Bett und schlief tief und fest.

Als er am nächsten Morgen aufstand und zum Meer hinausgehen wollte, stolperte er fast über eine Muschel, die auf der Türschwelle lag. Robin hob sie auf. Sie hatte die Farbe von Karamellpudding, fand er. Er konnte sie gerade mit einer Hand umschließen. An einer Seite war sie zu einer scharfen Spitze gedreht, und überall zeichnete sich ein feines Zickzackmuster ab. Robin betrachtete sie lange. Wie mochte sie hierher gekommen sein?

Das Meer war heute viel ruhiger als gestern. Nur wenige weiße Wellenkämme rauschten ans Ufer. Robin suchte nach Muscheln, fand aber keine. Tagsüber gab es viel zu tun. Seine Eltern gingen mit ihm segeln. Robins Gefühle schwankten dabei zwischen Begeisterung und Angst.

Das Meer erschien ihm wie ein unergründliches und unberechenbares Wesen. Man sollte sich besser nicht mit ihm verfeinden. Aber seine Eltern schienen keine Angst zu haben.

Am nächsten Morgen fand Robin wieder eine Muschel auf

seiner Schwelle. Konnte das noch Zufall sein? Diese Muschel sah aus wie ein kleines graugeflecktes Tier. Von oben jedenfalls. Von unten gesehen hatte sie einen großen Mund mit vielen, vielen kleinen Zähnen. Sie fühlte sich sehr glatt an, wie poliert. Er hielt sie an sein Ohr. Da rauschte sie wie das Meer.

Am dritten Morgen erwartete Robin nun schon eine Muschel. Und tatsächlich, da lag sie, schneeweiß und wie ein Engelsflügel geformt. Er zeigte sie seiner Mutter voller Verwunderung.

„Da war wohl die Muschelfee wieder da?" fragte sie und lächelte so merkwürdig. War es möglich, dass seine Mutter …? Aber nein.

Den ganzen Tag ging Robin die „Muschelfee" nicht aus dem Sinn. Er wollte sie unbedingt sehen. Und so beschloss er am nächsten Morgen ganz, ganz früh aufzustehen, um sie zu überraschen, wenn sie die Muschel hinlegen würde. Er schlief unruhig, weil er fürchtete, nicht rechtzeitig aufzuwachen. Tatsächlich war er dann erst gegen Morgen tief und fest eingeschlafen – und wieder lag etwas auf der Schwelle. Diesmal waren es zwei Muscheln, flach und rosa. Wie kleine Fächer sahen sie aus. Robin war jetzt fest von der Existenz der Muschelfee überzeugt. Aber natürlich konnte er niemandem etwas davon erzählen. Auch fragte er sich, warum sie gerade ihn für ihre Geschenke ausgesucht hatte. War er etwas Besonderes? Ein Sonntagskind vielleicht? Danach wollte er seine Eltern fragen.

Zuerst fragte er aber am Abend nach einem Wecker und ließ ihn sich auf sechs Uhr stellen. Zum Glück fragte niemand warum. Als der Wecker klingelte stand er auf und schlich sich ans kleine Seitenfenster, von dem aus man die Eingangstür sehen konnte. Fast eine halbe Stunde musste er warten. Dann tauchte eine Gestalt aus dem Frühnebel auf und schwebte auf die Türschwelle zu. Robin war so sehr auf die Muschelfee eingestellt, dass er eine ganze Weile brauchte um zu begreifen, dass diejenige, die da schnell und scheu eine Muschel auf die Schwelle legte – das Mädchen mit den blonden Zöpfen war.

Robin war wie vom Donner gerührt. Warum um alles in der Welt tat sie das? Sollte das etwa so was wie Liebe sein? Und warum liebte sie ausgerechnet ihn, den Erstklässler in seinen allerersten Sommerferien? Das war ja ein Ding! Robin wurde es heiß und kalt. Was geschah nun weiter? Was sollte er tun? Die blonden Zöpfe waren wieder im Nebel verschwunden und Robin holte mit zittrigen Händen die Muschel herein. Sie hatte zwei Flügel wie ein Schmetterling. Robin hielt sie lange in der offenen Hand. Dann verkroch er sich wieder in seinem Bett und wollte eigentlich gar nicht mehr zum Frühstück oder irgendwo hingehn.

Schließlich konnten ihn seine Eltern aber doch überreden. Das Mädchen stand am Frühstücksbuffet und goss sich gerade Milch über ihre Cornflakes. Robin lief auf sie zu.

Dabei stieß er sie an und das Schüsselchen fiel auf den Boden. Beide bückten sich, um die Scherben aufzuheben. Als das Mädchen sah, wer ihr da half, wurde sie ganz rot. Robin, der ohnehin schon ganz feuerrot im Gesicht war, beruhigte das ein wenig.

„Wie heißt du?“ fragte er leise. Das Mädchen wurde noch röter.

„Sofie“, flüsterte sie ebenso leise.

„Bist du … bist du heute am Strand?“ stotterte Robin.

Sofie konnte nur noch nicken, denn die Putzfrau kam mit einem Lappen.

„Nu lasst mich das mal machen, ihr junges Gemüse“, polterte sie gutmütig und kehrte Scherben, Milch und Cornflakes zusammen. Robins Eltern sahen sich lächelnd an und taten so, als hätten sie von alledem nichts gemerkt.

Am Strand saßen Robin und Sofie dann nebeneinander auf

einem der grauen Urviechsteine und schwiegen eine Weile. Robin überlegte angestrengt, was er sagen könnte.

„Es gibt hier so schöne Muscheln“, begann er zögernd und zeigte ihr die Karamellpuddingmuschel.

„Hm, hm“, machte Sofie und versuchte unbeteiligt auszusehen.

„Aber es gibt sie nicht überall“, fuhr Robin fort. „Man muss schon Glück haben, wenn man sie geschenkt bekommt.“

Er sah Sofie von der Seite an. Aber sie wagte nicht, ihn anzusehen.

„Ich hab’ meine Eltern gefragt. Ich bin ein Sonntagskind. Da bin ich froh.“

Es entstand eine längere Pause. Schließlich sprang Sofie ins Wasser und Robin hinterher.

Das war der Anfang einer wunderbaren Freundschaft. Sie dauerte volle vier Wochen. Dann reiste jedes Kind wieder mit seinen Eltern in eine andere Stadt. Ob sie sich wohl im nächsten Sommer wiedergesehen haben?

Angelina

Langsam wurde es Sommer und in den Hügeln weideten die Schafe. Auch sie bewegten sich langsam, denn Gras zu rupfen und sich auch die köstlichen Kräuter schmecken zu lassen, war ihre Hauptbeschäftigung und zur Zeit ihr Lebenszweck. Es sei denn Tobi, der flinke Colly, trieb sie rennend und bellend zur Eile an. Das geschah aber nur abends, wenn sie in den Pferch getrieben werden sollten. Oder morgens, wenn es galt, eine schöne neue Weide zu finden. Über allem aber wachte Meda, der Hirte.

Manche Menschen denken ja, dass Schafe alle gleich aussehen. Diese Menschen haben aber nicht richtig hingeschaut. Antonella zum Beispiel, hatte eine lange dünne Nase, während Agathas Gesicht rund und breit war. Fioretta hatte Locken auf der Stirn und Vincentia erkannte man sofort an ihren großen, weit auseinander liegenden Augen. Die niedlichste von allen war Angelina, ganz jung noch und von allen geliebt. Ihre beste Freundin war Paola, ein Schaf mit gutmütigem Blick und lustigem Gesichtsausdruck. Schäfer Meda kannte sie alle, kannte ihre Namen und ihren Gemütszustand und wusste auch, welche Kräuter ihnen guttaten wenn sie krank waren. Schon als Kind war er mit den Schafen gewandert. Schafe waren ihm besser vertraut als Menschen. Er hielt sie für bessere Wesen und glaubte, dass Menschen viel von seinen Schafen lernen könnten, wenn sie sich nur Zeit nehmen würden.

Orlando zum Beispiel, war ein ganz junger Schafbock. Aber wie rührend kümmerte er sich um Angelina. Mit den anderen Böcken raufte er und teilte auch Püffe an die alten Schafe aus. Aber Angelina versuchte er vor jedem Stoß zu schützen. Auch wenn Tobi das verspielte Lamm anbellte und kneifen wollte, stellte Orlando sich dazwischen und senkte drohend seinen Kopf mit den noch unsichtbaren Hörnern. Er passte auf, dass Angelina einen guten Platz im Pferch bekam und auf der Weide die saftigsten Kräuter fand. Und weil Angelina so klein, tapsig und freundlich war, neidete ihr das niemand. Paola, ihre beste Freundin, hatte auch was davon, denn die zwei liefen ja meistens nebeneinander.

So verging der Frühsommer und eines Tages war Orlando verschwunden. Angelina verstand das erst gar nicht. Sie wunderte sich nur, warum sie so unsanft in den Pferch gedrängelt wurde, warum niemand ihr die frischen Kräuter zeigte, warum Tobi sie auf einmal anbellen konnte. Dann begriff sie es und fing an, nach Orlando zu suchen. Sie suchte ihn überall in der Herde und hatte kaum noch Zeit zum Fressen. Sie wurde grantig und unleidlich, schubste andere Schafe und lief am Abend extra langsam, um die Herde aufzuhalten. Mit ihrer besten Freundin bekam sie Streit. Einmal, als sie an der Tränke standen, beklagte sie sich mit lautem Meckern und beschuldigte Paola, sie vom Wasser weggedrängt zu haben. Paola war beleidigt und verstand ihre Freundin nicht mehr. Sie lief zu Antonella und das machte Angelina erst recht wütend.

„Niemand liebt mich mehr, niemand braucht mich mehr“, dachte sie oder was kleine Schafe eben in so einem Augenblick empfinden. Sie rannte von der Herde weg und versteckte sich in einem Zypressenhain hinter einer dicken Mauer. Was war bloß los mit ihr?

Lange, lange stand sie da. Aber als es Abend wurde hörte sie Tobi bellen. Und dann kam Meda, der Hirte, hob sein Schäfchen auf die Schulter und ging mit ihm nach Hause. Er gab Angelina frisches Wasser und eine Hand voll Löwenzahn. Dann setzte er sich und zündete sich eine Pfeife an. Angelina schlüpfte unter sein Lodencape. Dort war es warm und sie hörte die Stimme des Hirten wie das Geplätscher eines Baches oder das Rauschen des Sommerwindes in den Myrtenbäumen:

„Angelina, Angelina. Warum bist du nur so grantig zu den anderen Schafen? Selbst deine beste Fraundin Paola nimmst du nicht aus und Tobi hat seine liebe Not mir dir. Jetzt bist du auch noch weggerannt und denkst wahrscheinlich, dass niemand in der Herde sich um dich schert. Aber glaubst du denn, dass alle von einem Tag auf den anderen anders geworden sind? Sind sie nicht alle wie immer, nur du bist anders geworden? Du siehst das sicher nicht so. Und ich will dir mal sagen, was wirklich anders geworden ist. Orlando ist nicht mehr da. In unserer Herde ist Valentino der Schafbock. Und die jungen Böcke, auch Orlando, sind jetzt groß genug eine eigene Herde zu haben. Dahin ist Orlando gegangen. Das ist der Lauf der Welt. Aber Orlando fehlt dir, weil er dein Freund war und weil er so viel für dich gemacht hat, was du jetzt selber machen musst, denn auch du bist ja größer geworden. Oder etwa nicht? Lass also nicht deine Trauer und deine Wut an anderen aus, die gar nichts dafür können, aber eben um dich herum sind. Sei ein großes Schaf, das für sich selber sorgen kann."

Meda sah unter sein Lodencape und da lag die nicht mehr ganz so kleine Angelina und schlief.

Wahrscheinlich hätte sie sowieso nichts von dem verstanden, was der Hirte erzählte. Aber irgendwie musste sie doch begriffen haben, dass auch ein Schafsleben niemals still steht, sondern sich ununterbrochen fortbewegt. Denn so freundlich wie zuvor wanderte sie weiter neben ihrer Freundin Paola über die gehügelten Weiden des Spätsommers.

Der Ball

Im dritten Stock wohnte jetzt Halima. Sie hatte noch keinen Kindergartenplatz bekommen und darum wurde ihr der Tag oft lang. Weiter unten im Haus wohnten auch Kinder. Das konnte man hören.

„Willst du nicht mal runter gehen und mit ihnen spielen?“ fragte Halimas Mama.

Aber Halima schüttelte den Kopf. Sie kannte diese Kinder doch gar nicht.

Nach dem Mittagessen saß Halima meistens auf der Treppe und lauschte nach unten. Die Kinder liefen herum, riefen einander zu, rannten auf den Hof, kamen wieder herein, riefen sich wieder etwas zu und verschwanden, Türen knallend, in ihren Wohnungen. Manchmal sah Halima eine Hand auf dem Treppengeländer oder einen Wuschelkopf, der sich zum nächsten Stockwerk hinunterbeugte und rief: „Kommst du spielen?“

„Wir gehen raus“, tönte es dann wohl von unten und ein eifriges Getrappel war zu hören.

Von draußen tönten die Liedchen und Spiele zu Halima herein. Es klang lustig.

Manchmal nahm Halima ihre Puppe mit auf die Treppe, um ihr zu erzählen, was da unten vor sich ging oder vielmehr, was sie sich vorstellte, was die Kinder da unten machten.

Einmal nahm sie auch ihren Ball mit, einen großen, roten. Den hatte sie besonders gern, weil die Oma ihn ihr zum Abschied geschenkt hatte. Auf den untersten Treppenstufen, im Erdgeschoss also, saßen die Kinder und schwatzten. Halima hörte ihnen zu, obwohl sie wenig verstand.

Aber was war das? Der rote Ball machte sich auf einmal selbstständig, hüpfte die Treppe hinunter, rollte über den Treppenabsatz, prallte gegen die Wand und war mit einem Satz auf der zweiten Treppe. Nun gab es kein Halten mehr. Hopp, hopp, hopp rannte der Ball die ganze Treppe hinunter.

„Huch!“ riefen die Kinder.

„Was kommt denn da?“

Halima war starr vor Schreck. Zwei Gefühle kämpften miteinander in ihrer kleinen Brust. Einerseits hatte sie große Angst, da hinunter zu den Kindern zu gehen. Andererseits wollte sie unbedingt ihren geliebten Ball wiederhaben. Schließlich nahm sie sich ein Herz und lief dem Ball nach. Zuerst langsam und dann immer schneller.

„Huch!“ riefen die Kinder.

„Da kommt ja noch was.“

Halima stand da, war außer Atem und sagte nichts.

„Gehört der Ball dir?“ fragte Mattis.

Er war der Einzige, der schon ein Schulkind war.

Halima überlegte, was sie sagen könnte. Und dann sagte sie:

„Kommstu pielen?

Wia gen raus.

Tüss bis morgen.“

Das klang wie die Mechanik einer Sprechpuppe.

Zuerst stutzten die Kinder. Dann fingen sie an zu lachen. Sie lachten und lachten. Und schließlich sagte Mattis: „Ach so, du kannst noch kein Deutsch.“

Und während er weitersprach, zeigte er auf sich und alle Kinder, Halima eingeschlossen. Wie beim Abzählen. Dann zeigte er nach draußen und dann ließ er den Ball in seiner Hand hopsen. Das hieß:

„Sollen wir alle mal mit deinem Ball draußen spielen?“

Das verstand Halima. Sie wurde rot und nickte glücklich.

Dann rannten alle raus und spielten „Fang den Ball“. Halima konnte gut fangen. Besser als Steffen. Der musste oft in die Mitte, weil er den Ball fallen gelassen hatte. Da wurde er wütend und fing an ihn zu kicken. Halima hatte Angst um ihren Lieblingsball und wollte schon anfangen zu weinen.

Aber Mattis sagte: „Das ist doch kein Fußball. Au Mann, bist du blöd!“

„Genau!“ riefen alle drei Mädchen.

Ehe das jedoch in einen Streit oder gar eine Prügelei ausarten konnte ging ein Fenster auf, eine Mutter steckte den Kopf heraus und rief: „Essen kommen!“

Da rannten alle Kinder ins Haus. Mattis gab Halima den Ball zurück, lachte und sagte:

„Tschüss, bis morgen!“

„Tüss, bis morgen!“ sagte Halima, nahm den Ball unter den Arm und stapfte die ganzen Treppen hinauf. Man konnte richtig hören, wie stolz sie war.

Oben stand Halimas Mama in der Tür und lächelte ihr zu. Aus der Küche kam der Duft von Fladenbrot.

Das himmlische Jerusalem

Malachy war vom Kindergarten nach Hause gekommen. Jetzt saß er in der Küche und langweilte sich.

„Ich habe eben zu viel Zeit", sagte er mit sorgenvollem Gesicht.

„Das hätte ich auch gern mal!" rief Mama. Sie stand am Herd und kochte wie verrückt, dies, das und jenes. Jetzt klemmte sie sich auch noch das Handy unters Kinn und telefonierte mit ihrem Chef.

„Was wird sie nächstens noch mit den Füßen machen?" überlegte Malachy.

Er bewunderte sie und sie tat ihm leid. Er selbst tat sich aber noch mehr leid, denn er konnte weder kochen, noch telefonieren. Er hatte es niemals eilig und er hatte auch keinen Chef, der ihm wichtige Aufträge zu erteilen hatte. Stattdessen hatte er einfach zu viel Zeit.

Eines Tages kam jemand in die Familie, der auch zu viel Zeit hatte. Das war die Nahna, Papas Mutter. Sie sah ziemlich verschrumpelt und zerbrechlich aus fand Malachy, aber sie hatte dunkle, sehr lebhafte Augen und drum herum Fältchen wie Sonnenstrahlen. Mama ging jetzt den ganzen Tag arbeiten und Nahna kochte. Aber nicht wie verrückt. Ein Handy hatte sie auch nicht und auch keinen Chef.

„Dann wollen wir jetzt mal sehen, wie wir uns die Zeit vertreiben", sagte Nahna am Nachmittag. Dazu stiegen sie in die Straßenbahn und die vertrieb schon mal eine Menge Zeit. Malachy fand es schön, die Häuser, Bäume und Autos am Fenster vorbeiziehen zu sehen. An der Endstation stiegen sie aus und gingen auf den Friedhof.

„Hier liegen unsere Lieben“, sagte Nahna. Sie machte ein trauriges Gesicht, ging von Grabstein zu Grabstein und legte auf jeden ein kleines weißes Steinchen zum Gedenken.

Malachy machte auch ein trauriges Gesicht und legte auch auf jeden Grabstein ein kleines weißes Steinchen. Ein paar legten sie nur so unter einen Baum, für die, die keinen Grabstein bekommen hatten. Dann saßen sie nebeneinander auf einer Bank und hörten dem Rauschen der alten Bäume zu.

„Was machen denn all unsere Lieben da unten in der Erde?“ fragte Malachy.

Nahna wusste nicht so recht, was sie sagen sollte. Schließlich sagte sie leise und geheimnisvoll:

„Weißt du, ich glaube, die sind da gar nicht mehr. Die sind alle ins himmlische Jerusalem gegangen. Das ist eine sehr, sehr schöne Stadt, oben im Himmel.“

Malachy sah zum Himmel auf, der seine Wolken schon golden färbte. Er war froh, dass Nahna ihm dieses Geheimnis verraten hatte.

„Wenn wir sterben, gehen wir dann auch ins himmlische Jerusalem?“

„Selbstverständlich!“ Nahna drückte zuversichtlich Malachys Hand.

„Zusammen?“

„Das wohl nicht. Weißt du, alte Menschen sterben eher.“

„Aber dann finde ich doch gar nicht hin!“

„Doch, doch, das findet jeder. Und wenn nicht, dann zeigt einem ein Engel den Weg.“

„Du wartest dann doch aber auf mich am Stadttor?“

„Na, vielleicht richte ich auch schon mal unsere Wohnung ein.“

Nahna stand auf und sie machten sich auf den Heimweg. In der Straßenbahn unterhielten sie sich die ganze Zeit leise über die goldenen Möbel in ihrer himmlischen Wohnung, den goldenen Herd, die goldene Bettwäsche und den Wolkenteppich.

Und schon war es Abend.

„Wir haben heute eine Menge Zeit vertrieben und die Nahna macht mir mittags Lansch“, erzählte Malachy stolz seinem Vater. Der lachte.

„Was ist denn ein Lansch, zum Beispiel?“

„Zum Beispiel gebackene Käseschnitte mit Rapunzelsalat. Und zum Nachtisch gibt es die Geschichte von Rapunzel.“

„Auch gebacken?“

„Nee!“

Alle lachten und Vater sagte: „Dann gibt es morgen sicher gebratenen Wolf und Rotkäppchen zum Nachtisch, nicht wahr, Nahna?“

„Ach du!“ Nahna tat empört und wollte Papa hauen. Der versteckte sich hinter Mama und Malachy kugelte sich vor Lachen.

„Zwei, die zu viel Zeit haben sind zu komisch!“ sagte Mama und wischte sich die Lachtränen ab.

Am nächsten Abend gab es Spinat mit Spiegelei.

„Spinat ess ich nie!“ verkündete Malachy. „Das stimmt leider“, sagte Mama.

Aber Nahna sagte: „Wenn du mich lieb hast, dann überwindest du dich und isst jetzt einfach ein bisschen Spinat.“

„Ganz schöner Erpressungsversuch“, meinte Papa.

Nahna sah ihn verständnislos an. Auch Malachy verstand ihn nicht. Er sah Nahna in die Sonnenstrahlenaugen und sagte: „Mal sehen.“

Dann aß er drei Löffel Spinat und sagte cool: „Es könnte schlimmer sein.“

Papa und Mama kicherten.

Früh am Morgen, ehe sie zur Arbeit ging, brachte Mama der Nahna immer eine große Tasse Tee ans Bett und einen Kuss auf die Stirn. Nahna hatte dann genug Zeit langsam aufzustehen und den „Lansch“ für Malachy und sich selbst zu machen. Und nachmittags hatten die zwei dann immer volles Programm, auch wenn sie nur Erbsen aus den Schoten palten oder Apfelkompott kochten. Nahna hatte immer interessante Geschichten parat, von der Prinzessin auf der Erbse oder den kleinen schwarzen Männchen, die im Apfel ihr Häuschen hatten. Was andere Leute nervte, das freute die Nahna, nämlich dass Malachy so viele Fragen hatte. Dann redeten und redeten die zwei, wie Philosophen.

„Was ist, wenn keine Zeit ist?“

„Wie meinst du das?“ fragte Nahna.

„Na, wenn Papa sagt: Jetzt ist keine Zeit mehr! Wo ist dann die Zeit? Und was ist stattdessen dann da?“

„Auf der Erde ist die Zeit immer da. Und sie schreitet voran. Montag, Dienstag, Mittwoch, Jahr für Jahr. Sie ist aber eigentlich gar nichts, sondern nur eine Erfindung, um das Vergängliche zu messen. Eine Stunde wird erst als Stunde gemessen, wenn sie vergangen ist.“

„Aha“, sagte Malachy. „Und was misst Papa, wenn er sagt: Jetzt ist keine Zeit mehr?“

„Zum Beispiel, wieviel Zeit du schon auf bist und wieviel Zeit du schlafen sollst.“

„Und was macht er dann, wenn keine Zeit mehr ist?“

„Na, bei ihm ist ja noch Zeit. Nur in der Ewigkeit gibt es keine Zeit“, sagte die Nahna.

Malachy dachte nach. „Wo ist denn die Ewigkeit?“ wollte er dann wissen.

„Im himmlischen Jerusalem zum Beispiel, also außerhalb unseres Erdenraumes.“

„Und dieser Raum, außerhalb des Erdenraumes, gehört der noch zu uns dazu?“

So ging es fort und fort. Und schließlich mussten sie sich noch überlegen, wie denn die Grenze zwischen Raum und Ewigkeit aussehen könnte. Tatsächlich war keine noch so schwere Frage vor ihnen sicher. Und das vertrieb natürlich eine Menge Zeit.

Eines Sonntagmorgens wachte Malachy wie immer früh auf. Er wusste, dass er dann noch eine ganze Weile still sein musste, weil seine Eltern ausschlafen wollten. Jetzt fiel ihm aber seine Nahna ein. Bestimmt war sie schon munter. Er sprang aus dem Bett und rannte in ihr Zimmer. Aber er hatte sich geirrt. Schlaftrunken blinzelte sie ihn an, seufzte und wollte sich auf die andere Seite drehen. Aber Malachy sagte:

„Ach, bitte Nahna, erzähl mir doch von „wie Papa klein war"."

„Nee", sagte sie. „Nee, also wirklich nicht. Ich kann überhaupt gar nichts machen, ehe ich nicht meine Tasse Tee getrunken habe."

Malachy war enttäuscht. Und die alles vergällende Langeweile kroch wieder in ihm hoch.

Er dachte eine Weile nach und sagte dann mit zuckersüßer Stimme:

„Nahnale, wenn du mich lieb hast, dann überwindest du dich jetzt und erzählst mir was, auch ohne deine Tasse Tee."

Was sollte die Nahna da sagen? Sie ließ Malachy zu sich unter die Bettdecke krabbeln und erzählte zum hundertsten Mal von „wie Papa noch klein war".

Als Mama dann mit dem Morgentee kam, sagte sie erstaunt:

„Na, ihr beiden Kleinen? Schon so früh munter?"

Das gefiel Malachy, denn er fand, dass die Nahna viel mehr zu ihm gehörte, als zu den anderen Erwachsenen. Schon allein wegen des Zeitvertreibs und weil sie beide bereits eine gemeinsame Wohnung im himmlischen Jerusalem besaßen.

Die Zwitschermaschine

Herr und Frau Ansberger saßen auf ihrer kleinen Terrasse und tranken Tee.

Sie hatten ja jetzt Zeit, denn ihre Kinder waren groß und ihre Arbeit getan. Sie freuten sich an ihrem winzigen Garten, in dem jetzt gerade die Tulpen und Narzissen zu blühen begannen und die Kletterrose kleine grüne Blätter hervorbrachte.

Herr Ansberger blätterte in der Zeitung. Frau Ansberger las in einem Gartenbuch, während sie genüsslich ihren grünen Tee schlürfte.

„Was ist denn das für ein Krach heute?“ fragte Herr Ansberger etwas ungehalten.

„Das wird der Frühling sein.“ Frau Ansberger lächelte vergnügt. „Ich möchte dieses Jahr Rittersporn pflanzen. Meinst du, da wäre noch Platz?“

„Unsinn“, sagte Herr Ansberger und meinte den Frühling. „Der macht doch nicht so einen Lärm!“

„Jetzt ist er wieder weg.“

„Wer?“

„Der Frühling. Es ist ganz still.“

„Na, Gott sei Dank“, sagte Herr Ansberger. „Man sollte ja wenigstens einmal in Ruhe lesen können.“

Aber er konnte nicht, denn wieder erklang dieses durchdringende Gezwitscher, das immer dieselbe Reihe von Tönen wiederholte.

„Es kommt von oben“, sagte Frau Ansberger und spähte durch die Rosenranken.

„Natürlich, meine Liebe. Vögel sitzen meistens oben.“

„Ja, ist es denn ein Vogel?“ Beide lauschten. „Es klingt wie ein Vogel, aber doch auch wieder nicht.“

„Schau doch mal nach, Martha“, sagte Herr Ansberger. Er selbst konnte nicht mehr so gut sehen. Frau Ansberger stand auf, ging auf die kleine Wiese und schaute nach oben. Es war ein Mehrfamilienhaus. Von all den vielen Menschen die da wohnten, kannte eigentlich keiner keinen so recht. Frau Ansberger berichtete ihrem Mann, dass sie auf dem obersten Balkon ein Ding sähe und eine kleine Hand, die dieses Ding bewege.

„Was denn für ein Ding?“

„Hallo, Oma Ansberger!“ erklang jetzt eine helle Stimme von oben herab.

„Hallo, mein Junge. Mit was machst du denn den Krach? Es ist der kleine Junge vom obersten Stock, Ewald“, sagte Frau Ansberger zu ihrem Mann gewandt.

Von oben erklang Unverständliches.

„Was sagst du? Ich versteh dich nicht.“ Wieder war nichts zu verstehen. Frau Ansberger wollte sich hinsetzen. Da kam das Stimmchen erneut von oben: „Oma Ansberger, soll ich mal runterkommen?“

„Ja… ja, wenn du willst.“

„Was will er?“ fragte Herr Ansberger.

„Er will runterkommen. Der kleine Junge. Du weißt doch.“

Herr Ansberger sah nun endgültig seine Abendruhe dahinschwinden.

„Das muss doch nicht sein, Martha. Womöglich bringt er das Ding mit. Unser ganzer Abend ist futsch.“

„Was denn für’n Ding? …Ach das Ding!“

Frau Ansberger war stehen geblieben. Offenbar hatte sie für Abendruhe nicht so viel Verwendung wie ihr Mann. Da klingelte es.

„Das wird er sein“, sagte sie und wandte sich zur Tür.

„Schick ihn wieder weg, Martha. Ich will meine Zeit nicht mit einem kleinen, fremden Jungen vergeuden."

„Aber Ewald!" Frau Ansberger war entrüstet. „Du hast doch alle Zeit der Welt, jetzt wo du alt und ohne Arbeit bist."

„Martha, das war herzlos!"

Nun ja. Es klingelte wieder und Frau Ansberger ging an die Tür. Herr Ansberger knisterte missbilligend mit der Zeitung und ging ins Wohnzimmer, denn es wurde schon kühl.

„Ach, und das hast du selbst gebaut?" hörte er seine Frau sagen, als sie mit dem Jungen hereinkam.

„Ja, selbst gebaut", sagte der Junge. Herr Ansberger hatte ihn sich größer vorgestellt.

„Guten Tag, Opa Ansberger."

Herr Ansberger warf einen Blick auf das Gebilde aus Holz und Schrauben, das der Junge vor sich hertrug. „Mach hier bitte keine Unordnung", brummte er.

„Aber Ewald", ermahnte Frau Ansberger. „Jetzt sag ihm doch erst mal guten Tag."

„Das sagt meine Mama auch immer: Jetzt sag mal schön guten Tag! Aber ich hab schön guten Tag gesagt, nicht?"

Frau Ansberger bestätigte das. „Ist deine Mutter zu Hause?" fragte sie.

Aber der Junge achtete nicht darauf.

„Darf ich meine Zwitschermaschine mal hier auf deinen Tisch stellen, Opa Ansberger?"

Mit einer Hand schob er einen Stapel Zeitungen auf die Seite.

Herr Ansberger fühlte sich überrumpelt.

„Also erstens bin ich nicht dein Opa und auf dem Tisch liegen ja meine Papiere."

Er hielt inne und sah auf das kleine Bauwerk, das jetzt auf dem Tisch Platz gefunden hatte.

„Was hast du gesagt, was ist das?"

„Das ist eine Zwitschermaschine. Die hab ich ganz alleine gebaut Opa“, sagte der Junge stolz.

Herr Ansberger, der alte Ingenieur, rückte näher.

„Und aus was?“ fragte er und setzte seine Brille auf.

„Aus kleinen Quietschesachen. Also Hölzern und Korken und Schrauben. Und das da, wenn man das Hölzchen da drin dreht, dann macht's halt so wie ein Vogel.“

„Hm hm“, machte Opa. „Das ist ja gar nicht so einfach, scheint mir. Wenn du das hier drehst, dann dreht sich das da ja gleich mit.“

Oma sah den beiden zu und freute sich immer mehr. „Manche Menschen muss man halt zu ihrem Glücke zwingen“, dachte sie.

„Du, das hier ... wie heißt du eigentlich?“ fragte Opa jetzt.

„Tschiab. Tschiab Münzer. Ich geh in die erste Klasse. Bald komm ich in die zweite.“

„Also, Tschiab, sind das besondere Vogelstimmen, die du da machen kannst?“

„Mama sagt, dies klingt wie ein Distelfink. Und wenn man die zwei dreht, dann trillert eine Lerche.“

Das Wohnzimmer füllte sich mit ungewohntem Vogelgezwitscher. Opa war fasziniert.

„Ist ja fabelhaft. Ein richtiges Kunstwerk. Darf ich auch mal?“

Aber Tschiab fand, dass seine Vögel jetzt Hunger hätten und unbedingt etwas zu essen und zu trinken brauchten.

„So, so. Sind wir denn für so etwas ausgerüstet, Martha?“ fragte Opa schmunzelnd. Und Oma sagte vergnügt:

„Habt ihr was, so esst es.
Habt ihr nichts, vergesst es.
Habt ihr ein Stückchen Brot,
so teilt es in der Not.

Habt ihr ein Brosämlein,
so gebt's den Vögelein."

„Was ist Brosämlein?" fragte Tschiab.

„Das sind Krümchen", sagte Oma und lächelte. „Was für Krümchen fressen denn deine Vögelein?"

Tschiab lächelte verschmitzt: „Halt Brotkrümchen, Wurstkrümchen, Käsekrümchen und auch Nutellakrümchen."

„So, so. Und was trinken sie?"

„Fanta", sagte Tschiab. Das fand Oma seltsam. „Ich dachte immer, Vögel trinken Wasser?"

Aber Tschiab wusste es besser. „Nein, nein, das war ganz früher mal. Heute trinken sie Fanta!"

„Da siehst du mal Martha, wie viel sich seit unserer Jugend geändert hat." Opa stand auf.

„Aber ich glaube, wir haben gar kein Fanta im Haus. Kann's denn auch Zitronenlimonade sein?"

Die Vögel bejahten das. Und bald gab es eine fröhliche Fütterung. Oma und Opa aßen auch gleich mit. Das war dann ein Aufwaschen.

Nachdem die Vögel kein einziges Brosämlein mehr herunterkriegen konnten, sagte Tschiab:

„Jetzt werden die Vögelchen müde sein. Sicher wollen sie hier schlafen."

Opa lachte gutmütig und sagte: „Nein, sicher nicht. Du musst sie dann schon nach oben tragen."

Aber Tschiab beteuerte, dass sie schon viel zu müde seien, um noch raufgetragen zu werden.

„Ja, dann suchen wir ihnen ein schönes Schlafplätzchen. Du lässt sie hier und holst sie morgen wieder ab."

„Das geht überhaupt nicht", antwortete Tschiab. „Denn alleine haben sie zu sehr Angst."

Auf einmal sah er ganz klein und blass aus. Oma und Opa sahen sich an. Da stimmte doch irgendwas nicht.

„Na, na, na, willst du etwa ganz zu uns ziehen?“ fragte Oma. „Was wird denn deine Mutter dazu sagen?“

„Die wird gar nichts dazu sagen.“ Tschiab knetete seine kleinen so geschickten Hände und sah niemanden an. Nach einer Pause fragte Oma: „Tschiab, wo ist deine Mutter?“

„Im Krankenhaus“, sagte Tschiab und das klang wie ängstliches Vogelgezwitscher.

„Im Krankenhaus? Und du bist ganz alleine zu Hause?“

„Ja.“

„Wie kam denn das?“ fragte jetzt Opa ganz ungläubig.

Tschiab räusperte sich: „Von der Arbeit ist sie gleich ins Krankenhaus. Da haben sie sie hingebracht. Ein anderer Kollege hat mich angerufen. Vielleicht kommt sie morgen wieder … oder übermorgen … weiß nicht.“

Jetzt wurde Oma aktiv. „In welchem Krankenhaus ist sie denn?“

„Weiß nicht.“

„Was hat der Mann denn gesagt?“

„Was mit kleinem weißen Vogel, hat er gesagt.“

Darunter konnten sich Oma und Opa nichts vorstellen. „Denk doch noch mal nach!“

Tschiab dachte nach. Und schließlich sagte er: „Na, Gott, Sohn und kleiner weißer Vogel.“

Da musste Oma trotz aller Aufregung lachen. „Der Heilige Geist! Im Heilig-Geist-Krankenhaus ist sie also. Ewald, ruf doch da mal an und frag nach seiner Mutter. Wahrscheinlich haben sie gar keine Verwandten hier.“ Und zu Tschiab gewandt sagte sie:

„Ich denke, deine Vögelchen haben recht. Ihr alle müsst heute Nacht hier unten bei uns schlafen. Glaubst du, wir könnten euch ein Nest hier auf dem Sofa machen?“

Tschiab glaubte das und bekam langsam wieder Farbe ins blasse Gesicht. Opa hinterließ im Krankenhaus seine Telefonnummer und die Nachricht, dass Tschiab bei ihnen gut untergebracht sei. Auskunft wollte das Krankenhaus einem Fremden nicht geben. Na ja, morgen würde Opa mal persönlich hingehen.

Heute hörte er sich die Spätnachrichten mit dem Ohrenstecker an, während neben ihm auf dem Sofa ein kleiner Junge beruhigt schlief.

„Schon erstaunlich", sagte er und legte seine Hand zärtlich auf die seiner Frau.

„Seine Zwitschermaschine ist nicht nur ein Kunstwerk, sondern zwitschert auch Freundschaft in die Herzen von brummigen Menschen. Aus dem Jungen wird mal was!"

Geschichten über Trennungen und Neuanfänge

Meine Katze ist geschieden

Meine Katze ist geschieden", sagte Edgar eines Tages in der Schule. Und das war ja nun wirklich eine merkwürdige Mitteilung.

Edgar war in der zweiten Klasse und hatte einen gescheiten Lehrer.

Jede Woche gab es bei ihm eine Stunde, die hieß „Probleme wälzen". Da konnte jeder, der eins hatte, von seinem Problem erzählen. Das wurde dann so lange hin und her gewälzt, bis es mindestens ein bisschen weniger problematisch war.

Hätte Edgar das von seiner Katze in einer anderen Stunde gesagt, dann hätten alle gelacht. So aber sagte der Lehrer:

„Erzähl' mal mehr davon."

„Seit ich denken kann, habe ich einen Hund", sagte Edgar. „Dann bekam ich mal eine Katze geschenkt. Da sagte meine Mutter das Gedicht auf:

Unser Kätzchen ward als Braut
Unserm Hündchen angetraut.
Wer soll Zeuge sein?
Hugo mit dem lahmen Bein.

Die Katze bekam ein Kränzchen, und wir haben eine richtige Hochzeit gefeiert. Das war sehr lustig und die beiden Brautleute waren immer gute Freunde. Jetzt ist Hugo verkauft, denn Reiten ist zu teuer. Und mein Hund lebt mit meinem Vater in München."

„Warum lebt ihr nicht auch in München?" fragte ein Kind.

„Meine Mutter sagt, Kinder und Katzen sollen in dem Haus bleiben, in dem sie aufgewachsen sind. Hunde vertragen den Umzug leichter."

Das beantwortete die Frage nicht ganz, aber der Lehrer sagte nur:

„Deine Katze vermisst deinen Hund wohl sehr?"

„Das können Sie mir glauben", sagte Edgar. „Meistens, wenn ich mit meinem Vater in München telefoniere, dann höre ich im Hintergrund meinen Hund bellen oder winseln. Meine Katze hört das auch. Man sieht es ihr nicht an, aber ihr ist zum Weinen zu Mute. Ich meine, Katzen können ja nicht weinen, aber sie versteht das alles überhaupt nicht. Sie weiß ja auch gar nicht, wo München ist und warum ihr Hundemann jetzt da hingezogen ist."

„Vielleicht muss es ihr jemand erklären", schlug ein anderes Kind vor.

„Aber wer?" sagte Edgar. „Ich verstehe es ja selbst nicht."

„Hast du auch Heimweh nach deinem Vater?" fragte der Lehrer.

Edgar nickte stumm.

„Dann frag doch mal deine Mutter", schlug Angel vor, die neben Edgar saß.

„Meine Mutter sagt immer: ‚Fang nicht schon wieder damit an. Es ist alles schon schwer genug.'"

„Weiß jemand einen Rat?" fragte der Lehrer.

„Ja", sagte Angel. „Die Katze soll einen Brief an den Hund schreiben." Alle lachten. Aber der Lehrer fand das gar nicht so schlecht. „Du musst ihr natürlich helfen, Edgar. Schau dir die Katze an und schreibe dem Hund, wie sie sich fühlt und wie sie ihn vermisst. Bitte deinen Vater, dass er dem Hund den Brief vorliest und ihm hilft, eine Antwort an die Katze zu schreiben."

Alle Kinder fanden den Vorschlag gut. Sie erklärten sich bereit, Edgar bei dem Brief zu helfen. Aber er wollte es erst einmal allein probieren. Und dies ist der Brief:

„Mein lieber Hund,

dies ist ein Brief von deiner Frau Katze und ich muss dir sagen, dass ich dich sehr vermisse und dass ich gar nicht weiß, ob du mich noch lieb hast. Ich bin nicht gewöhnt, ohne dich zu sein, nachdem wir so lange zusammen gewesen sind. Wie geht es dir? Wie ist es in München? Ich möchte gerne wissen, ob es dort auch ein Sofa gibt, auf dem du so gerne liegst. Mir geht es manchmal nicht gut, obwohl man es von außen nicht sieht. Ich mach' manchmal dumme Sachen. Zum Beispiel versuche ich meinen eigenen Schwanz zu fangen. Ich renne immer im Kreis herum, ohne ihn zu kriegen. Ich glaube, Edgar vermisst dich auch. Aber er sagt es nicht, damit seine Mutter nicht noch trauriger ist. Bitte schreibe mir.

Viele Grüße von deiner Katze"

Edgar schickte diesen Brief nach München. Nach einer Weile kam auch wirklich ein Brief zurück:

„Meine liebe Katze,

vielen Dank für deinen Brief. Ich wusste ja gar nicht, wie es dir geht und dass du mich so vermisst. Ich vermisse dich auch, und du kannst sicher sein, dass ich dich noch immer sehr gern habe, auch wenn wir jetzt durch die Umstände getrennt sind.

Mein Herrchen sagt, er und ich werden bald mal in einem Auto zu euch kommen und euch abholen. Dann können wir einen schönen Tag zusammen verbringen. Mein Herrchen sagt auch, dass Edgar bald mal nach München kommen kann, damit er dir danach genau beschreiben kann, wie hier die Wohnung aussieht. Aber jetzt geht es noch nicht. Liebe Katze, bitte schreibe mir auch, was du machst, denn das interessiert uns hier sehr. Denke nicht, dass wir dich je vergessen, auch wenn wir jetzt so weit weg sind.

Ich schlecke Edgar die Beine und grüße dich.

Dein Hund“

Die Kinder in der Problemwälzestunde fanden, dass das schöne Briefe seien und dass nicht jeder Hund seiner Katze so einen Brief schreibe. Der Lehrer ermutigte Edgar, doch weiter der Katze beim Briefschreiben zu helfen. Das würde allen die Zeit erleichtern, bis die Besuchsregelung geklärt wäre.

Denn eine Katze, die geschieden ist, hat keinen leichten Stand.

Der Traumfänger

Philipps Eltern waren geschieden. Schon eine ganze Weile. Zuerst hatte Philipps Vater in derselben Stadt gewohnt. Jeden Freitag abend holte er Philipp ab und verbrachte mit ihm das Wochenende. Er reparierte sein Rad, ging mit ihm in den Wald und auf den Fahrradübungsplatz. Er ließ Drachen mit ihm steigen und brachte ihn zum Arzt, wenn er geimpft werden musste. Philipp hatte das Gefühl, mit Vater und Mutter zusammenzuleben. Nur eben an verschiedenen Orten und in verschiedenen Wohnungen.

Seit einiger Zeit wohnte sein Vater nun in einer anderen Stadt, denn er hatte dort Arbeit gefunden. So konnte Philipp ihn nicht mehr so oft sehen. Zuerst schien das nicht viel zu ändern. Philipps Mutter übernahm fast alles, was vorher der Vater gemacht hatte und Philipp war zufrieden.

Aber eines Nachts hatte Philipp einen Albtraum. Er schrie so furchtbar, dass sogar die Nachbarn aufwachten und anderntags nach ihm fragten. Was er geträumt hatte, konnte Philipp nicht sagen.

In der übernächsten Nacht passierte dasselbe. Und weil die Albträume jetzt immer öfter kamen, ging die Mutter mit Philipp zum Arzt. Aber auch die Tropfen, die der verschrieb, halfen nichts. Die Mutter schlief bei Philipp im Zimmer. Sie erzählte ihm zum Einschlafen beruhigende Geschichten. Aber was sie sich auch ausdachte, nichts wollte helfen. Philipp wusste auch nicht, was mit ihm los war. Er wusste gar nicht, wovon er träumte, und seine Schreie waren für die anderen schlimmer als für ihn selbst. Er hatte nur eine dumpfe Ahnung von etwas Schrecklichem, das ihn bedrohte.

Schließlich rief die Mutter ganz verzweifelt den Vater an. Der hörte aufmerksam und geduldig ihren Schilderungen zu. Er wusste, dass er jetzt etwas für seinen Sohn tun musste. Aber was?

Als Philipp seinen Vater aus dem Zug steigen sah, fing er plötzlich furchtbar an zu weinen. Das kam für alle ganz unerwartet und war nicht leicht zu ertragen.

„Ich freu mich ja so", sagte Philipp leise unter Schluchzen. Es klang wie eine Entschuldigung. Den Eltern tat das Herz weh.

„Was hast du in deinem Koffer?" fragte Philipp, als sie zu Hause ankamen. Der Vater machte den Koffer auf, und Philipp sah einen Reifen. Er sah Lederstreifen, Perlen und Federn und viele andere Merkwürdigkeiten. Er staunte.

„Wir werden viel zu tun haben", sagte der Vater verheißungsvoll.

In dieser Nacht schlief er bei Philipp. Aber er hörte keinen Schrei, nur ein lautes Stöhnen und Jammern. Aber das war schlimm genug.

„Vor langer, langer Zeit ging es einem kleinen Jungen mal wie dir", erzählte der Vater am nächsten Morgen nach dem Frühstück.

„Es war ein Indianerjunge. Seine Mutter brachte ihn zu einem Medizinmann und der sagte, dass es Gespenster seien, die im Traum durchs Fenster kämen, um kleine Jungen zu plagen. Warum sie das machen, weiß niemand zu sagen. Sie machen es eben. Der Medizinmann zeigte dem Jungen, wie man einen Traumfänger baut. Darin fängt sich das Traumgespenst und kann darum nichts Böses mehr tun.

Und so einen Traumfänger bauen wir jetzt", schloß der Vater seinen Bericht. Philipp war sehr neugierig.

Zuerst nahm der Vater den Reifen und umwickelte ihn mit Lederstreifen. Es war weiches, hellbraunes Hirschleder. Der Vater erzählte, was für mutige, schnelle und starke Tiere die Wapitihirsche sind. Sie können für ihre Familien sorgen, auch wenn sie sich nicht immer am selben Ort aufhalten, sondern weit durch die Wälder streifen.

Dann nahm der Vater eine Geigensaite und fing an, ein Netz zu knüpfen. Philipp musste ihm dabei helfen, denn so ein rundes Netz muss ja an allen Seiten zugleich festgemacht werden, damit es sich schön spannt. Eine Geigensaite musste es sein, weil Geigensaiten schon ein Lied in sich tragen. Es kann jederzeit erklingen, wenn jemand es aus der Saite herausholt. Eine Gitarrensaite geht natürlich auch oder eine Cellosaite. Philipp hatte eine kleine Geige. Ihn beschäftigte der Gedanke, dass alles, was er spielte, schon vorher unhörbar vorhanden sein sollte. Er musste es also nur aus der Saite herauslocken.

Lange konnte er aber nicht darüber nachdenken, denn in das Netz aus der Geigensaite mussten Perlen und Muscheln miteingeflochten werden.

„Das ist sehr wichtig", sagte der Vater und breitete auf einem Taschentuch eine kleine Sammlung aus. „Der Medizinmann hat damals den Jungen gefragt, was seine Lieblingszahl sei. Und dann musste der sich so viele Perlen und Muscheln aussuchen, bis die Zahl voll war."

„Meine Lieblingszahl ist acht", sagte Philipp. „Weil mein achter Geburtstag der schönste war."

Der Vater fand, dass acht eine sehr schöne Zahl sei, nämlich das Zeichen für Ewigkeit. „In Ewigkeit werden wir Vater und Sohn sein."

Philipp wählte eine rote Glasperle für die Mitte. Einen Karfunkel. Und der Vater sagte, das sei ein Heldenstein. Dann kamen grüne, weiße und blaue dazu und rosa und weiße Muscheln. Aber sie mussten ganz unregelmäßig verteilt werden, damit der Alb, so nennt man solche Quälgeister, überrascht war und nirgends durchschlupfen konnte. Als sie das Netz geknüpft hatten, dachte Philipp schon, nun sei der Traumfänger fertig. Aber nein, jetzt musste noch das Gehänge gemacht werden. Der Vater hatte an alles gedacht und auch ein paar wunderschöne Federn, Wurzeln und getrocknete Blumen mitgebracht. Philipp musste nun um die Stiele einen roten Faden wickeln, schön sorgfältig, und dann ein paar Perlen auffädeln. Schließlich wurde dieses Gehänge seitlich und am unteren Rand des Reifens befestigt. Dann hängte der Vater den Traumfänger ans Fenster. Philipp betrachtete ihn lange. Er sah wunderschön aus.

„Werde ich denn jetzt überhaupt nicht mehr träumen können?" fragte er und war etwas besorgt. Aber da konnte ihn der Vater beruhigen.

„Für die guten Träume ist der Traumfänger kein Hindernis. Sie lieben Farben und Musik. Sie lieben die Stärke des Hirsches und den sanften Vogelflug. Sie lieben den Duft der Blumen und die Sicherheit der Wurzeln. Die Albträume aber denken über all das nicht nach. Sie sind plump und dumm. Sie kommen angestürzt, um dich zu erschrecken, und rumms! stoßen sie sich an dem Netz und sind darin gefangen. Ha, ha, ha! Das hätten sie nicht gedacht, dass du klüger bist als sie, dass du sie überlisten kannst."

„Ja!" sagte Philipp und saß ganz stolz und gerade da. „Sie hätten nämlich nicht gedacht, dass ich einen Vater habe, der mit einem Koffer voll Zaubersachen angereist kommt. Aber so einen habe ich. Bäh!“

Philipp freute sich direkt schon auf die nächste Nacht. Dann würde er es ihnen aber zeigen!

Viele Menschen glauben ja nicht an Zauber. Aber die Albträume glaubten daran. Darum war es ihnen unmöglich, den Traumfänger zu umgehen und jemals wieder in Philipps Zimmer zu gelangen.

Das muss man sich mal vorstellen!

Leider gab es keinen Traumfänger, der seinen Vater dableiben ließ.

Als der Vater sich verabschiedete, hörte Philipp, wie die Mutter leise sagte: „Ich danke dir.“ Und der Vater sagte: „Ich danke dir auch, dass du mich das hast machen lassen.“

Philipp würde wohl nie verstehen, warum sie nicht alle zusammenleben konnten. Aber er war nun sicher, dass beide Eltern ihn sehr lieb hatten, jeder auf seine Weise.

Vierzehn Engel

Du siehst ein bisschen blass aus“, sagte Frau Bänder zu Ronni. „Geht’s dir nicht gut?“

„Wenn ich halt mal mehr schlafen könnte“, sagte Ronni und seufzte tief.

„Gehst du denn so spät ins Bett?“ fragte Frau Bänder. Aber Ronni sagte: „Nein, ich muss bloß immer so viel bis vierzehn zählen.“

Jemand anderes hätte das jetzt wahrscheinlich blöd gefunden oder als Ausrede angesehen. Aber Frau Bänder hatte schon so viele Kinder in ihrem Kindergarten gehabt, dass sie nichts mehr wunderte. Sie wusste, dass alles, was Kinder sagen, einen Sinn hat. Manchmal ist es ein ganz anderer Sinn, als die Erwachsenen denken. Denn die meisten Erwachsenen haben vergessen, dass sie anders dachten, als sie Kinder waren.

„Wie lange musst du denn bis vierzehn zählen?“ fragte darum Frau Bänder jetzt.

Und Ronni sagte: „Eigentlich die ganze Nacht, aber ich schlaf’ dann doch darüber ein. Und das ist nicht gut.“

„So viel zählen ist ja eine schwere Arbeit für einen Fünfjährigen“, sagte Frau Bänder anerkennend. „Für wen machst du denn das?“

„Für meinen Papa“, sagte Ronni. Auf seinem Gesicht spiegelten sich Sorge und Trauer.

„Will das denn dein Papa?“ fragte Frau Bänder.

Aber Ronni war schon rausgelaufen, um mit den andern Fußball zu spielen.

Nach der Vesperpause saßen alle in der Vorleseecke. Frau Bänder fragte, wie denn die Kinder abends einschliefen. Lisa sagte, ihre Mutter würde ihr immer vorlesen. Paul erzählte, dass er ohne seinen Bären nie schlafen könnte. Bei Gretchen musste die Nachtlampe anbleiben und Elvira bekam etwas vorgesungen.

„Mein Papa hat mit mir ‚Abends, wenn wir schlafen gehn' gebetet", sagte Ronni. Lisa wollte wissen, wie das geht.

„Na: ‚Abends, wenn wir schlafen gehn, vierzehn Engel um uns stehn'", sagte Ronni. Und dann musste er das ganze Gebet aufsagen, denn die andern Kinder kannten es nicht.

„Abends, wenn wir schlafen gehn,
Vierzehn Engel um uns stehn.
Zwei zu unsern Häupten, zwei zu unsern Füßen.
Zwei zu unsrer rechten Seite, zwei zu unsrer linken Seite.
Zweie, die uns decken, zweie, die uns wecken.
Zweie, die uns weisen ins himmlische Paradeisen."

Die Kinder fanden das so schön, dass sie es gleich mal spielen wollten. Ronni musste sich in die Mitte legen, und die anderen stellten sich als Engel um ihn herum. Zwei am Kopfende, zwei an den Füßen und so weiter. Am Ende führten zwei die ganze Gruppe „ins himmlische Paradeisen". Alle hatten viel Spaß, und gleich wollte ein anderes Kind auch mal in der Mitte liegen.

Ronnis Backen wurden rot vor Eifer, denn er musste immer wieder mit dem Text aushelfen, wenn die anderen steckenblieben.

„Nein, erst kommt zur rechten Seite, dann zur linken."

Als die Kindergartenzeit zu Ende war, machte Ronni wieder sein ernstes Gesicht, so, als sei ihm etwas sehr Trauriges eingefallen, was er während des Spiels vergessen hatte. Frau Bänder richtete es so ein, dass sie mit ihm nach Hause gehen konnte. Unterwegs setzten sie sich auf eine Bank im Park. Und da erzählte Ronni ihr, dass seine Eltern immer so sehr gestritten hatten. Eines Tages war es so schlimm, dass Papa rausgerannt war und die Tür zugeknallt hatte.

Seitdem war er verschwunden und Ronni machte sich große Sorgen, dass ihm etwas Böses passieren könnte, besonders nachts, wenn alles so unheimlich war. Mama sagte, Papa sei böse und darum hatte Ronni Angst, dass er die vierzehn Engel vergessen haben könnte. Aber wenn er, Ronni, immerzu bis vierzehn zählte, dann konnte Papa nichts passieren. Das wusste er genau.

Frau Bänder fragte, ob sie mal mit zu Ronni nach Hause kommen dürfte. Ronni fand das gut, denn er hatte Frau Bänder gern.

Als Ronni und Frau Bänder in die Wohnung kamen, war Mama überrascht. Ronni fürchtete, dass sie gleich wieder anfangen würde zu weinen. Und so war es auch. Aber Frau Bänder schickte Ronni in sein Zimmer und redete ein Weilchen mit Mama allein. Dann kam sie zu Ronni und sagte:

„Zeig mir doch mal all deine Kuscheltiere." Ronni hatte eine Menge.

„Welches ist denn dein klügstes Tier?" fragte Frau Bänder.

Darüber hatte Ronni natürlich noch nicht nachgedacht. Er betrachtete all seine Tiere und überlegte hin und her.

„Das Zebra", sagte er schließlich.

„Das dachte ich mir", bestätigte Frau Bänder. „Ich dachte nämlich, es könnte dir etwas beim Zählen helfen. So könntet ihr euch die Arbeit teilen. Es ist ja eine sehr wichtige Arbeit. Und getan werden muss sie. Denn ich bin sicher, dass sie deinem Vater hilft. Aber, wenn du zweimal bis vierzehn zählst und an die Engel denkst, und dann übernimmt das Zebra die

Arbeit, dann könntest du ein bisschen mehr schlafen. Fändest du das gut?"

Ronni nahm das Zebra in die Hand und betrachtete es eingehend.

„Ich kann es ja mal versuchen", sagte er dann. „Weil es so viele Streifen hat, wird es wahrscheinlich auch gut zählen können."

„Vielleicht kannst du auch Eule bitten, ein bisschen aufzupassen. Sie macht das sicher gern, denn Eulen sind ja Nachtvögel."

Ronni fand, dass das eine gute Idee war.

Am nächsten Morgen berichtete Ronni Frau Bänder, dass das Zebra gute Arbeit geleistet hatte. Allerdings hatte Ronni noch zweimal mit ihm zusammen zählen müssen. Aber dann hatte Eule aufgepasst.

Darüber war Frau Bänder sehr froh. Ronni konnte nun mehr schlafen und war nicht mehr so blaß.

Eines Tages rief Ronnis Vater an und erzählte von seiner neuen Wohnung und seiner neuen Arbeit.

„Ich habe die ganze Zeit vierzehn Engel für dich gezählt, damit dir nichts passiert. Und Zebra hat mir dabei geholfen", sagte Ronni. Der Vater schwieg.

„Ja, Junge, das habe ich gemerkt", sagte er dann. Seine Stimme klang weich und warm, fast so, als ob er weinte. Aber Männer weinen ja nicht.

Frau Bänder fragte Ronni, ob sie den andern Kindern von der Scheidung seiner Eltern erzählen dürfte und von der großen Hilfe des Zebras. Ronni erlaubte es. Einmal brachte er das kluge Zebra sogar mit in den Kindergarten. Andere Kinder hatten auch kluge Kuscheltiere, und so wurde allgemein bekannt, dass man sich in schwierigen Situationen Hilfe holen kann.

Wie in einem Spiegel

Malte saß auf dem Sofa. Wenn er zum Fenster hinaussah, waren dort die Ziersträucher und der kleine Ahorn, der jetzt im Herbst rote Blätter bekommen hatte. Wenn er aber in den großen, goldgerahmten Spiegel sah, konnte er das Gartentörchen sehen. Dort standen seine Eltern und stritten miteinander. Vater schien sich zu verabschieden. Er redete besorgt auf die Mutter ein. Malte konnte sein Gesicht sehen. Mutter stand steif und aufrecht, die Hände in den Jackentaschen.

„Bitte umarmt euch!“ wünschte sich Malte. „Bitte umarmt und küsst euch, so wie früher.“

Aber die Mutter gab dem Vater nicht einmal die Hand, als er jetzt den Garten verließ.

„Bitte liebt euch doch“, flüsterte Malte. Er wünschte es sich so sehr. Da sah er im Spiegel, wie der Vater sich noch einmal umdrehte, zurückkam und die Mutter auf die Stirn küßte. Er umarmte sie nicht, aber er küsste sie. Malte atmete erleichtert aus. Sein Wünschen half also etwas.

Nach einer Weile kam Mutter herein und setzte sich zu Malte aufs Sofa. Sie schaute zum Fenster hinaus, ob Malte wohl gesehen hatte, was am Gartentor geschah. Aber sie sah nur die Ziersträucher und den kleinen roten Ahorn. In den Spiegel sah sie nicht. Sie streichelte Malte und bot ihm an, etwas mit ihm zu spielen.

Wenn Malte auf dem Sofa saß, konnte er nicht in die Küche sehen. Aber im Spiegel sah er eines Tages die Mutter am Herd stehen. Wieder redete der Vater auf sie ein. Er legte flehentlich die Hände auf ihre Schultern. Aber sie schüttelte ihn ab. Malte konnte sehen, wie ärgerlich sie war.

„Liebt euch doch", wünschte sich Malte. „Bitte, bitte, liebt euch doch!"

Nach einer Weile drehte sich Mutter um. Sie nahm den Topf vom Herd und stellte ihn auf den Tisch. Sie lächelte und es sah so aus, als sagte sie: Na, also gut! Vater lächelte auch. Malte war zufrieden. Er glaubte nun fest, dass er nur ganz doll wünschen müsste, dann würde alles gut werden und gut bleiben. Aber das Wünschen kostete ihn viel Zeit und Kraft. Er konnte deshalb in der Schule oft nicht aufpassen und in der Nacht nicht schlafen.

Abends, wenn seine Eltern noch am Tisch saßen, stand er vor dem Spiegel und tat, als spiele er auf der Kommode. Aber er fühlte seine Eltern in seinem Rücken und beobachtete sie vor sich im Spiegel genau. Er musste ja auf sie aufpassen und bei dem kleinsten Anzeichen von Mißstimmung anfangen zu wünschen. Er musste sehr stark wünschen. Manchmal gelang es ihm nicht, den Streit abzuwenden. Dann machte er sich Vorwürfe.

Schlimm war es auch, wenn die Eltern nur stumm dasaßen. Dann sah er gespannt in die Gesichter im Spiegel, um ihre Gedanken zu erraten. Denn mit ihm oder vor ihm sprachen die Eltern nie über ihre Gedanken und Gefühle. Sie schauten auch nie in den Spiegel. Ja, sie wussten nicht einmal, dass es Malte war, der durch seine starke Wunschkraft ihr Zusammenleben aufrechterhielt.

Einmal konnte Malte abends wieder nicht einschlafen. Er schlich sich zurück an die Wohnzimmertür. Von dort aus konnte er den Fernseher nicht sehen. Aber er sah das Bild im Spiegel. Es war eine Sendung über Eltern, die sich streiten und scheiden lassen, und über Kinder, die darunter sehr leiden.

„Siehst du“, hörte Malte seine Mutter sagen. Und sein Vater brummte: „Wenn du so weitermachst, hast du es dir selbst zuzuschreiben.“

Für Malte war es wieder höchste Zeit, mit dem Wünschen anzufangen. Aber dieses Mal wusste er nicht, ob Mutter oder Vater das Wünschen nötiger hatten. War einer von den beiden schuld? Und wenn ja, wer? Jedenfalls wollte er bestimmt keines von diesen bejammernswerten Kindern aus dem Fernsehen werden. Lieber ginge er ganz weit fort und änderte seinen Namen, damit ihn niemand wiedererkennen würde.

Eines Tages wurde Malte krank. Er war so krank, dass er ins Krankenhaus musste. Aber die Ärzte konnten nicht feststellen, woran das Kranksein lag. Malte machte den Eindruck eines kleinen überarbeiteten Managers. Die Eltern kamen zu Besuch. Malte freute sich, dass sie beide so friedlich an seinem Bett saßen.

„Was wünscht du dir denn?“ fragte Mutter und dachte wohl an ein Buch oder vielleicht einen Gameboy.

„Ich wünsche mir, dass ihr euch liebt“, sagte Malte ernst und feierlich.

Die Eltern sahen sich erstaunt an. Hatten sie nicht immer alle Schwierigkeiten vor ihrem Kind geheim gehalten? Beide bekamen Tränen in die Augen. Malte ahnte, dass es da etwas gab, was er nicht verstand und was man auch im Spiegel nicht sehen konnte.

„Habt ihr mich denn lieb?“ fragte er kläglich.

Vater und Mutter überhäuften ihn beide mit Küssen und Beteuerungen. Der Arzt gab ihnen ihr Kind wieder mit und sagte, dass sie ganz viel und offen mit ihm reden sollten, über ihre Sorgen und über seine Sorgen. „Sonst entsteht in Ihrem Kind ein virtuelles, ein künstliches Bild, wie in einem Spiegel.“

Die Eltern gaben sich Mühe, ihrem Sohn zu erklären, dass ein Erwachsenenleben etwas anderes ist als ein Kinderleben. Malte gab sich Mühe, das zu verstehen. Aber leicht war es nicht.

Draußen war jetzt Winter und es lag Schnee. Im Spiegel sah Malte den Gartenweg und das Gartentor, das halb offen stand. Vaters Fußspuren führten zum Tor hinaus. Zwei Krähen saßen auf dem Zaun und krächzten. Mutter kam und brachte ihrem Sohn heißen Sanddornsaft, damit er bald wieder stark und gesund würde. Irgendwie war Malte erleichtert, dass er sich nicht mehr so entsetzlich mit seinem Wünschen anstrengen musste. Zu Weihnachten würde sein Vater kommen und ihn besuchen.

Der Fingerverband

Seit sein Vater nach England gezogen war, lebte Alfi mit seiner Mutter allein. Das machte er gern, denn seine Mama war eine sehr schöne und liebe Frau, die beste von der Welt. Alfi hatte sie sehr gern.

Nach einiger Zeit wurde sein Glück allerdings getrübt. Und zwar von diesem grässlich blonden, grässlich nach Rasierwasser riechenden, grässlich netten Harry, der so grässlich lachte und Mama immer grässliche Geschenke mitbrachte. Immer öfter erschien dieser Harry bei ihnen zu Hause. Alfi konnte so ekelhaft sein wie er wollte, das schreckte Harry nicht ab.

Eins verstand Alfi nicht. Nämlich, warum seine Mama diesen Harry so gut leiden konnte. Und da war sie nicht die einzige. Einmal hatte Harry Alfi morgens in den Kindergarten gebracht. Da sagten die Kinder dann:

„Der sieht aber gut aus. Heiratet den deine Mama?"

Aber Alfi hatte geschrien: „Nein, nein, nein. Ich behalte meine Mama für mich!"

So ging das nun eine ganze Weile. Alfi konnte nie verstehen, warum Mama den Harry so gut leiden konnte. Und Mama konnte nicht verstehen, warum Alfi den Harry überhaupt nicht leiden konnte.

Einmal musste Mama ganz lange im Büro bleiben, weil es so viel Arbeit gab. Da musste Alfi mit Harry alleine zu Hause bleiben. Das war beiden nicht gerade recht. Aber Mama zuliebe taten sie es.

Alfi wusste nicht, was er anfangen sollte. Mißmutig schmiss er sein Auto in die Ecke, so dass zwei Räder absprangen. Harry setzte sich hin und reparierte das Auto. Danach fuhr es wieder tadellos. Alfi fand das eigentlich sehr nett. Aber er war zu stolz, um es sich anmerken zu lassen. Lieber setzte er sich vor den Fernseher und tat unbeteiligt. Harry war darüber traurig, sagte aber nichts.

Stattdessen ging er in die Küche, um das Abendessen zu kochen. Offenbar hatte er das noch nicht oft gemacht, denn plötzlich hörte Alfi einen Schrei und danach ein großes Gejammer. Er rannte in die Küche. Und da stand Harry und hielt seinen blutenden Finger über das Spülbecken. Das Messer war auf den Boden gefallen.

„Ogottogott", rief Alfi. „Was soll ich machen?"

„Den Verbandskasten", jammerte Harry. „Weißt du, wo der Verbandskasten ist?"

Natürlich wusste Alfi, wo der Verbandskasten war. Er kletterte im Badezimmer auf einen Stuhl und holte ihn aus dem Schränkchen. Dann rannte er damit in die Küche. „Aua, aua, aua", jammerte Harry, kaum, dass Alfi in Sicht kam. Alfi wunderte das nicht. Er selbst machte das auch immer so.

Alfi nahm ein Verbandspäckcken und stieg auf den Küchenhocker.

„Zeig mal her", sagte er und tupfte die Wunde mit einem Tupfer ab. Dann streute er Wundpuder darauf und wickelte einen Verband um den Finger. Er wickelte und wickelte, bis schließlich ein schöner großer Verband dabei herauskam. Harry ging es zunehmend besser. Schließlich setzte er sich mit einem Seufzer hin und sagte:

„Also, ich weiß gar nicht, was ich ohne dich gemacht hätte!"

Da war Alfi sehr stolz.

„Aber unter Männern", sagte Harry dann, während er mit einer Hand das Spülbecken sauber machte. „Das war ja nun nicht gerade eine Ruhmestat von mir. Weißt du was? Jetzt gehen wir einfach nach nebenan und essen dort eine Pizza. Was meinst du?"

Alfi war noch nie so spät eine Pizza essen gegangen. Er kam sich sehr wichtig vor.

Als Mama nach Hause kam, fand sie niemanden in der Wohnung. Dafür aber den offenen Verbandskasten.

Sie wollte sich schon Sorgen machen, da kamen ihre Männer singend die Treppe herauf.

„Ja, wo wart ihr denn?" fragte sie höchst erstaunt und schaute auf den enormen Fingerverband.

„Unter Männern", sagte Alfi mit tiefer Stimme. „Nach dem Schreck mit dem Finger mussten wir erst mal was Ordentliches essen gehn."

Das konnte Mama gut verstehen.

Der Kummerstein

Als Mattes seine Großeltern besuchte, sahen sie gleich, dass er Kummer hatte. Kindern sieht man das nämlich an. Sie halten ihren Kopf gesenkt und lassen die Schultern hängen. Wenn man sie etwas fragt, dann sagen sie nur: „Hm, hm“ und: „Mh, mh“, oder zucken nur mit den Schultern. All das tat Mattes.

Die Großeltern wussten auch warum, aber sie waren zu feinfühlig, um gleich darüber zu sprechen. Stattdessen nahm Großvater seinen Enkel zum Angeln mit. Als sie so still am Bach saßen, fing Großvater an zu erzählen:

„Als ich ein Junge war, wie du jetzt, da wohnten wir in Kanada. Ich glaube, das weißt du ja. Zu der Zeit gab es in Kanada eine Braunbärenfamilie, Vater, Mutter und zwei Kinder. Ich kannte sie nicht persönlich, aber ich habe ihre Geschichte oft gehört.

Diese Bärenfamilie wanderte eines Sommers immer weiter in den Norden, denn das Futter wurde knapp. Mutterbär wäre eigentlich lieber im Süden geblieben, aber Vaterbär zog es hoch in den Norden, wo das Leben wild und das Land noch unberührt war. Er träumte davon, ein Polarbär zu werden und sich als Robbenjäger zu betätigen. Mutter ging mit, so weit sie konnte. Aber mit den zwei Kindern war das nicht leicht.

Weißt du eigentlich, dass Braunbären und Eisbären eng miteinander verwandt sind? In Kanada sagt man übrigens nicht Eisbär, sondern Polarbär. Das Fell vom Vaterbär wurde schon ganz hell und dicht, und die Kälte machte ihm immer weniger etwas aus. Als sie an die Schneegrenze kamen, sagte Mutter Braunbär aber:

‚Bis hierher und nicht weiter.'

Vaterbär war mit seinen Gedanken schon im Polargebiet. Er wurde immer mehr zum Polarbären und wartete ungeduldig darauf, dass die Eisdecke zufrieren würde, damit er nach Grönland zum Robbenfischen gelangen könnte. Als das Eis auf sich warten ließ, wurde er grantig, fing Zankereien mit anderen Bären an und schlug seine Bärenkinder. Mutterbär musste sich immer öfter dazwischen werfen und den Polarbär wegbeißen.

Endlich fror die Eisdecke zu und alle Polarbären machten sich auf den Weg zur Robbenjagd. Mutter Braunbär blieb allein mit den beiden Braunbärkindern und wanderte langsam wieder in wärmere Gefilde.

Obwohl die kanadischen Wälder schön und voller guter Blaubeeren waren und obwohl seine Mutter gut für ihn sorgte und seine Schwester gern mit ihm spielte, wurde der kleine Braunbär immer trübsinniger. Er hörte auf, ordentlich zu essen. Oft saß er auf seinen kleinen Hinterbeinen und schwenkte seinen Kopf traurig hin und her, hin und her.

Schließlich wurde das der Mutter zuviel. So einen Trauernickel die ganze Zeit um sich zu haben, ist ja auch nicht leicht, besonders, wenn man nichts an den Umständen ändern kann. Darum führte die Bärenmutter den kleinen Braunbär zu einem ausgehöhlten Stein und sagte: ‚Jetzt kannst du dich da mal hinsetzen und traurig sein. Nach einer Weile nimmst du diesen Stein hier und drückst ihn ganz fest mit der Pfote. Wenn du gar nicht mehr stärker drücken kannst, dann lässt du ihn plötzlich los. Und du wirst fühlen, dass dann dein Kummer verschwindet. Nicht für immer, aber für eine Weile. Nur darfst du nur einmal am Tag zu diesem Stein kommen und Kummer haben.‘

Der kleine Braunbär tat, wie ihm geheißen. Und tatsächlich: Nachdem er eine Weile getrauert und dann den Stein gedrückt und losgelassen hatte, war das schlimme Kummergefühl verschwunden. Darüber war der kleine Bär sehr froh.

Am nächsten Tag bekam er wieder so ein Kummergefühl. Aber er setzte sich nicht hin, um seinen Kopf zu schwenken, sondern er wartete bis zum Abend. Dann ging er zu seinem Kummerplatz, setzte sich darauf und drückte seinen kleinen Kummerstein so fest er konnte. Nach einer Weile ließ er ihn los. Und siehe da, der Kummer verschwand. So machte er es jeden Abend, bis der Kummer schließlich ganz verschwunden war.“

Hier war die Geschichte zu Ende und als Großvater eine Weile schwieg, fragte Mattes:

„Gibt es solche Steine auch für Menschen?“

„Oh, absolut!“ sagte Großvater. Er zog gerade eine dicke Forelle aus dem Wasser. „In Kanada waren sie zu meiner Zeit sehr verbreitet. Wart’ mal. Ich glaube sogar, dass ich noch einen habe.“

Großmutter freute sich sehr über die große Forelle. Während sie das Abendessen vorbereitete, ging Großvater mit Mattes auf den Dachboden. In einer alten Kiste fanden sie alles mögliche und auch einen flachen Kieselstein, auf den ein kleiner Bär gemalt war.

„Hier ist er ja“, sagte Großvater. Und Mattes fragte, ob er ihn sich wohl mal ausleihen dürfte. Das durfte er.

„Falls ich ihn später mal brauchen sollte, dann sage ich Bescheid.“

Großvater fand auch noch einen kleinen alten Korbstuhl. Den nahm er mit hinunter und stellte ihn unter die Trauerweide im Garten.

Nach dem Abendessen schauten die Großeltern zum Fenster hinaus. Da sahen sie Mattes auf dem kleinen Korbstuhl sitzen. In seiner Hand hielt er den Kummerstein. Großvater war sicher, dass er ihm ebenso helfen würde wie dem kleinen Braunbären, dessen Vater in der Arktis verschwunden war.

Ein neues Versprechen

Eines Tages sagte Papa, dass sie sich hatten scheiden lassen und dass Mama jetzt woanders wohnen würde. Die Kinder waren völlig überrascht und durcheinander.

Katrin erinnerte sich daran, wie ihr jemand mal den Teppich unter den Füßen weggezogen hatte und sie furchtbar hingefallen war. Sie hatte sich den Kopf so angeschlagen, dass sie eine Gehirnerschütterung bekam. An das Gefühl von Schwindel und Übelkeit wurde sie jetzt erinnert. Sie rannte aufs Klo und musste sich erbrechen.

Peter, der Älteste, saß ganz still da. Aber Bärbel und Heiner fragten immerzu:

„Warum, warum denn nur? Warum habt ihr uns vorher nichts gesagt? Warum dürfen wir gar nichts dazu sagen? „Warum kann Mama denn nicht auch hier arbeiten? Warum sollen wir alle bei Papa bleiben?" Und so weiter und so weiter.

Papa bemühte sich so gut er konnte, alle Fragen zu beantworten. Er war ein bisschen böse darüber, dass Mama sich davor gedrückt hatte.

„Wir wollten nicht, dass ihr unsere Streitigkeiten mitbekommt. Wir wollten nicht, dass ihr euch um etwas Sorgen macht, was ihr nicht beeinflussen könnt. Alle unsere Entscheidungen sind ja nicht eure Sache. Das müssen die Erwachsenen unter sich ausmachen. Und das haben wir getan. Wir denken, dass es das Beste ist, wenn ihr hier bei mir in unserem Haus bleibt, in euren Zimmern und bei euren Sachen und Tieren. Außerdem arbeite ich zu Hause und bin immer da.

Mama muss in der Stadt wohnen, wenn sie arbeiten will.

Und das will sie. Außerdem muss sie viel reisen. Aber die Ferien verbringt sie mit euch."

Katrin war wieder zurückgekommen und sah grün im Gesicht aus. Die Kleinen fingen an zu heulen und Peter sagte immer noch nichts.

„Jetzt weiß ich wirklich nicht weiter", sagte Papa schließlich ganz entnervt. „Wie man's macht, macht man's verkehrt."

„Das hättet ihr euch eher überlegen müssen!"Katrin war böse. Aber dann tat es ihr schon wieder leid. „Das hilft ja jetzt auch nicht", murmelte sie entschuldigend.

„Das Problem ist", fing Peter jetzt an. Und er klang sehr erwachsen für seine dreizehn Jahre. „Das Problem ist, dass ihr mit unserm Familienleben Schluß gemacht habt. Das neue „Leben, das ihr euch jetzt ausgedacht habt, das kennen wir nicht. Wir können uns nix darunter vorstellen und – also ich hab jetzt Angst, dass ihr euch plötzlich noch mal was anderes ausdenkt und wir müssen das dann machen."

„Genau", rief Bärbel. „Und womöglich müssen wir dann in ein Kinderheim."

„Aber nein!" sagte der Vater. „Wie kommt ihr denn darauf?"

Peter gab sich damit nicht zufrieden.

„Als ihr geheiratet habt, da habt ihr euch doch ein Versprechen gegeben. Das hat ja auch ganz schön lange gehalten. Aber wenn es damit nun vorbei ist, dann müsst ihr euch und uns eben ein neues Versprechen geben."

Papa war verwirrt. „Wie das denn?"

„Na, es muss eine Scheidungsfeier geben. Da müsst ihr die alte Zeit begraben. Und dann müsst ihr versprechen, wie ihr unsere neue Zeit einrichten wollt."

Papa kam das sehr merkwürdig vor. Aber die Kinder hatten irgendwie Feuer gefangen. Sie redeten alle durcheinander, was sie anziehen wollten, welchen Kuchen Katrin backen und wo das Ganze stattfinden sollte. Ob und wen sie dazu noch einladen wollten und dass es geschickt sei, dass gerade Sommer war und es so viele Blumen im Garten gab. Sollte Mama ihr altes Brautkleid anziehen? Nein, sie sollte ihr Businesskleid anziehen, denn sie war ja in ihrem neuen Leben eine Businessfrau.

„Halt, halt!" rief Papa. „Das geht doch alles ein bisschen zu weit. Außerdem wissen wir gar nicht, ob Mama das will. Und überhaupt, wie soll denn so eine Feier eigentlich aussehen?"

„Das laß mal Peter machen", sagte Heiner und war ganz aufgedreht. „Und wenn Mama nicht will, dann muss Bärbel ganz arg heulen. Dann sagt Mama nämlich zum Schluss doch immer ja."

Natürlich sagte Mama zuerst nein und wollte von so einem Unsinn nichts wissen. Aber die Kinder sagten, sie hätten ein Recht darauf. Schließlich gab Mama nach. Peter und Katrin fanden, dass Oma und Opa dabei sein sollten. Aber sonst niemand. An einem bestimmten Tag schmückten die Kinder das ganze Haus und bauten eine Laube im Garten.

Peter hatte die Zeremonie vorbereitet. Alle saßen in der Laube und Peter sagte: „Wir haben uns hier versammelt, weil Loni und Paul Walters beschlossen haben, ihr altes Leben zu begraben."

Dann mussten Papa und Mama sich einen Knopf abreißen und in einem kleinen Beet vergraben.

„Nun beginnen sie ein neues Leben und wir wünschen ihnen dazu alles Gute", fuhr Peter fort. Und Papa und Mama mussten jetzt jeder eine Primel auf das Beet pflanzen.

„Darum ist es nötig, dass sie ihren Kindern Peter, Katrin,

Bärbel und Heiner ein neues Versprechen geben. Seid ihr dazu bereit?"

Papa und Mama nickten. Dann musste Papa aufstehen und seine Hand auf einen Flußspat legen, der sonst immer auf dem Wohnzimmertisch lag.

„Ich, Paul Walters, verspreche...", sagte Peter, und Papa sprach ihm nach: „Ich, Paul Walters, verspreche..."

„...dass ich meinen Kindern immer ein guter Vater sein werde, sie versorgen, beschützen, lieben und achten werde, auf dass sie lange leben auf Erden. Bis dass der Tod uns scheidet."

Papa hatte Mühe, die Worte nachzusprechen, so bewegt war er. Aber er schaffte es. Dann tat Mama das gleiche:

„Ich, Loni Walters, verspreche, dass ich meinen Kindern immer eine gute Mutter sein werde... sie lieben und achten... werde, auf dass sie glücklich leben auf Erden. Bis dass der Tod uns scheidet."

Darauf bekamen Papa und Mama Blumensträuße und Küsse von allen Kindern und auch von Opa, der Papas Papa war, und Oma, die Mamas Mama war. Bärbel sang ihr neuestes Kindergartenlied. Da mussten alle lachen, denn es war: „...und die Katze tanzt allein."

Papa hatte ein schönes Essen gekocht. Als alle am Tisch saßen, klopfte Opa ans Glas. Das hieß, dass er eine Rede halten wollte. Er sagte, dass er stolz auf seine Kinder sei und ganz besonders auf seine Enkel. Er glaube nicht, dass es auf der Welt noch einmal so gute Enkel gäbe. Er und Oma wollten alles tun, um zu helfen, damit die guten Versprechen in Erfüllung gingen.

Obwohl es auch traurig war, fühlten sich alle gut und kein bisschen hilflos. Heiner sagte:

„In mir fühlt es sich an, wie... wie Zitronencremespeise", denn das hatte es zum Nachtisch gegeben.

Alle lachten. Mama hatte leider etwas von der Zitronencreme auf ihr Businesskleid gekleckert. Aber Oma sagte, sie hätte da ein fabelhaftes Fleckenmittel.

Und so war der Alltag wieder eingekehrt.

Wenn in den nächsten Wochen dieser Alltag zu verzwickt zu werden drohte, dann dachten alle an die Zeremonie in der Blumenlaube, die ihrem Leben eine neue Richtung gegeben hatte.

Bärhirsch und Hirschbär

Frau Bär hat Herrn Hirsch geheiratet, weil er so ein schönes Geweih hat und so herrliche Sprünge machen kann. Herr Hirsch hat Frau Bär geheiratet, weil sie so ein kuscheliges Fell hat und eine Höhle so warm und gemütlich machen kann.

Frau Bär und Herr Hirsch sind sehr verschieden. Das merken sie aber erst, nachdem sie geheiratet haben und nun alles und jedes zusammen machen sollen.

„Ach, wärst du doch ein Bär", sagt Frau Bär. „Dann würdest du nicht immer draußen rumstreunen. Kannst du nicht einmal gemütlich zu Hause bleiben?"

„Ach, wärst du doch eine Hirschkuh", sagt Herr Hirsch. „Dann würdest du nicht immer nur vor der langweiligen Höhle hocken. Kannst du nicht mal ein wenig abnehmen und mit mir zum Hirschrennen gehen?"

„Ich muss ja deine Kinder hüten", sagt Frau Bär. „Während du dich nur amüsierst." Frau Bär ist wütend, knurrt, kratzt und beißt.

„Du liebst mich eben nicht mehr. Gönnst mir rein gar nichts", sagt Herr Hirsch, ist beleidigt und knallt die Höhlentür hinter sich zu.

Bärhirsch und Hirschbär sehen mit großen Augen zu. Wer mag recht haben? Sie wissen es nicht. Sie sammeln Honigwaben für Mutter Bär und frische Eichenblätter für Vater Hirsch. Sie rennen von einem zum anderen, um Hirsch und Bär wieder miteinander zu versöhnen.

Aber sie können es nicht. Vater Hirsch stampft mit den Hufen auf:

„Ich werde jetzt im Wald wohnen“, schreit er und packt seine Sachen.

„Dann ziehe ich eben wieder in die Berge“, schluchzt Mutter Bär und weint sieben Kopfkissen voll.

„Papa ist gemein“, sagt Bärhirsch.

„Mama ist blöd“, sagt Hirschbär.

„Wahrscheinlich lieben sie uns jetzt nicht mehr.“

Herr Hirsch packt seine Sachen.

„Wo ist mein Hirschhorn?“ trompetet er.

Frau Bär packt ihre Sachen.

„Faß ja meinen Honigtopf nicht an“, faucht sie.

Haben sie ganz vergessen, dass sie Kinder haben?

Bärhirsch wirft den Milchtopf um. Der ganze Moosteppich ist verdorben. Hirschbär fällt vom Schrank und bricht sich ein Geweih ab.

„Was soll denn das?“ schreit Herr Hirsch und lässt seinen Rucksack fallen.

„Müsst ihr jetzt auch noch anfangen zu spinnen?“

Bärhirsch und Hirschbär weinen.

„Wo sollen wir denn jetzt wohnen?“ jammern sie.

„Wen sollen wir denn jetzt lieb haben?“

„Wer wird uns füttern?“

„Wer wird uns das Rennen beibringen?“

„Wer wird uns wärmen?“

„Wer wird die Weihnachtskrippe schmücken?“

„Und wer mit uns zum Osterhasen gehen?“

Bärhirsch und Hirschbär hocken da wie ein Häuflein Elend.

Vater Hirsch und Mutter Bär sind ganz stumm geworden. Sie sehen sich an.

„Vertragt ihr euch jetzt wieder?“ fragt Bärhirsch. Hirschbär schaut erwartungsvoll.

Mutter Bär setzt die Kinder ins Moosbett.

Vater Hirsch gibt ihnen Kastanienfutter.

„Wartet hier“, sagt er. „Wir müssen uns Rat holen.“

„Wir kommen gleich wieder“, sagt Mutter Bär und gibt ihnen einen Kuss.

Vater Hirsch und Mutter Bär gehen zur weisen Eule.

„Das mit der Heirat war wohl nichts“, sagt sie. „Aber seht nur, was für schöne und einzigartige Kinder ihr habt. Das habt ihr fein gemacht. Ich glaube nicht, dass es hier im Wald noch einmal so schöne Kinder gibt.“

„Ich mag Bär nicht mehr“, sagt Herr Hirsch. „Aber Bärhirsch und Hirschbär werde ich immer lieben.“

„Ich kann Hirsch überhaupt nicht mehr leiden“, sagt Frau Bär. „Aber Hirschbär und Bärhirsch werde ich immer lieben.“

Da fragt die weise Eule, was Vater Hirsch und Mutter Bär für ihre Kinder tun wollen. Sie machen einen schönen Plan.

Den Plan erzählen sie dann Bärhirsch und Hirschbär, damit die keine Angst mehr zu haben brauchen. Bärhirsch und Hirschbär sind froh, denn es ist für Tierjunge viel zu schwer, selbst einen Plan zu machen. Alle Tiere im Wald helfen Mutter Bär und Vater Hirsch, sich ein neues Zuhause zu bauen.

Jetzt wohnt Mutter Bär im Herbst und Winter mit Bärhirsch und Hirschbär in einer hübschen kleinen Berghöhle.

Wenn es Sommer wird, kommt Vater Hirsch und holt die

Kinder in den weiten grünen Wald. Dort haben sie Ferien unter einer großen Buche.

Mutter Bär kann dann mal faul in der Sonne liegen oder mit ihren Freundinnen Beeren für den Winter sammeln.

Hirschbär und Bärhirsch geht es gut. Sie haben einen frohen und friedlichen Vater und eine freundliche, zufriedene Mutter. Und damit haben sie mehr als viele andere Kinder im Wald.

Geschichten gegen die Angst

Monster Silberzahn

Torven war fünf Jahre alt.
„Kennst du Monster?", fragte er mich.
„Selbstverständlich kenne ich Monster. Sie wohnen im Meer oder im Ozean."
„In welchem?" fragte Torven.
„Och, so ziemlich in jedem. Das berühmteste Monster wohnt in einem See. Loch Ness heißt der."
„Wie kommt dann aber das Monster aus dem Meer raus und in meinen Traum rein?" wollte Torven jetzt wissen.
„Ah", sagte ich. „Du bekommst also Besuch."
„Besuch? Na danke. Ich erschreck' mich immer zu Tode. Da bin ich froh, wenn ich gerade noch nach Mama rufen kann. Warum machen die Monster das?" Torven war richtig empört.
„Sie steigen aus den Tiefen des Meeres auf. Dort, wo vor langer, langer Zeit einmal die Angst versunken ist. Die Monster wollen die Angst auch nicht behalten. Darum geben sie sie an jemand anderen weiter. Zum Beispiel an dich."
Torven machte ein sehr erstauntes Gesicht. Dass die schrecklichen Monster so schrecklich taten, weil sie selbst Angst hatten, daran hatte er nie gedacht.
„Aber irgendwie ist das gemein", sagte er. „Kann man da nichts machen?"
„Freilich kann man da etwas machen. Die Monster kom-

men nämlich nicht nur des Nachts aus dem Meer, sondern auch am Tage. Sie liegen dann am Strand und sonnen sich."

„Ne", sagte Torven entschieden. „Also, das wüßte ich. Und da würden doch auch alle Leute hier davon reden."

„Das stimmt", sagte ich. Denn in so einem kleinen Fischerdorf wie dem unseren blieb natürlich nichts lange verborgen. „Aber die Monster sind ja nicht blöd. Sie tarnen sich natürlich als Schwemmholz. Manchmal liegt viel rum, manchmal wenig. Das wirst du doch auch schon bemerkt haben."

„Und das sind alles Monster, die sich sonnen?"

„Nein, nur die Hölzer, die ein Auge haben."

Jetzt wurde Torven neugierig und wollte mit mir an den Strand gehen.

„Wie heißt eigentlich dein Monster?" fragte ich. Torven wusste es nicht. Ich bat ihn, sich genau vorzustellen, wie das Monster das letzte Mal da war. Und dann sollte er ihm einen passenden Namen geben. Torven dachte nach.

„Schinox", sagte er dann. Ein schrecklicher Name!

Dann gingen wir zusammen zum Strand. Die Wellen waren hoch, aber die Sonne schien.

„Ein richtiges Monsterwetter", sagte ich.

Wir betrachteten eingehend alle Schwemmhölzer, große und kleine, die das Meer ans Ufer gebracht hatte. Und siehe da: Drei von ihnen hatten ein Auge.

„Dies hier sieht fast wie Schinox aus. Nur viel kleiner", sagte Torven. Er wollte es nicht anfassen. Aber ich nahm es beherzt in die Hand und wickelte es in mein Badetuch. Auf dem ganzen Weg nach Hause passierte nichts Außergewöhnliches.

Jetzt holten wir unsere Malkästen hervor und fingen an, das Monster anzumalen. Schinox hielt ganz still. Wir malten seinen Bauch hellblau an. Irgendwie fühlte er sich gebauchpinselt, denn sein breites Maul verzog sich bei näherem Hinsehen zu einem Lächeln. Sein Auge umrandeten wir silbern, seine Schnauze machten wir schwarz, seinen Rücken knallgrün und seine Haare dunkelbraungrün. Torven wurde immer mutiger. Als wir das Maul des Monsters rot ausgemalt hatten, malte Torven ihm zwei Reihen silberner Zähne hinein. Das sah vielleicht aus!

Nun war das Monster fertig und schaute so stolz in die Welt, dass Torven ihm noch eine kleine Krone ins wirre Haar malte. Er hatte nämlich auch Gold in seinem Malkasten.

Niemand kann sich vorstellen, wie glücklich Schinox war. Einmal in seinem langen Monsterleben bekam er so viel Beachtung, ohne grässlich sein zu müssen. Bei Kakao und Kuchen sprachen wir von seinen und unseren Ängsten. Am Abend brachten wir ihn zum Strand zurück und warfen ihn ganz weit ins Meer, so weit wir konnten.

Viele Nächte ließ Schinox sich nicht mehr blicken. Aber eines Nachts hörte Torven ihn wieder ganz grässlich mit den Zähnen klappern. Torven setzte sich im Bett auf und lachte.

„Dein silbernes Gebiss gefällt dir wohl, was“, sagte er.

Und Schinox grinste über sein ganzes wohlbekanntes Monstergesicht.

Die Strickjacke

Leo hatte Mama sehr lieb, und Mama hatte Leo sehr lieb. Lange Zeit waren sie wie eine Person gewesen, so gut kannten sie sich und so gut mochten sie sich leiden. Jetzt war Leo gerade drei Jahre alt geworden, und langsam dämmerte ihm, dass er ein Junge und ganz für sich allein war und da aufhörte, wo sein Körper aufhörte. Er war also nicht ein Teil von Mama und konnte schon ganz allein und ohne sie eine Weile vor dem Haus mit den anderen Kindern spielen. Nur manchmal musste Mama zum Fenster rausschauen und ihm etwas zurufen.

Natürlich hatte Leo auch begriffen, dass Mama eine Frau ganz für sich allein war und möglicherweise auch mal ohne ihn weggehen konnte. Und eines Tages war es dann soweit.

Eine Weile zuvor war am Vormittag die Hiltrud gekommen. Leo mochte sie gut leiden und spielte, kochte und bügelte gern mit ihr zusammen. Aber an diesem Morgen sagte Mama: „Ich geh' jetzt ein bisschen arbeiten. Du spielst schön mit Hiltrud, und mittags bin ich wieder zurück."

Da war es Leo, als ginge die Welt unter, als löste sich alles in nichts auf, als müsste er ohne jeden Halt im Weltall herumschweben, ja, als würde er sich selbst jeden Moment in seine Einzelteile auflösen. Eine schreckliche Angst befiel ihn und er fing an zu schreien und zu weinen. Da nahm ihn seine Mama auf den Arm – und augenblicklich war alles wieder gut.

„Hm", machte die Mama. „Weißt du, Leo, ich muss jetzt wieder arbeiten. Ich bin ja nicht aus der Welt, sondern nur in einem anderen Haus in unserer Stadt."

Sie malte Leo einen großen Kreis auf ein Blatt: Das war die Welt. In den großen Kreis malte sie einen kleinen Kreis: Das war ihre Stadt. In dem kleinen Kreis gab es zwei Punkte, die konnten mal zusammen, mal ein bisschen auseinander sein. Aber immer waren sie in derselben Stadt und in derselben Welt. Leo fand das sehr interessant. Er war bereit, die Welt mit Bäumen und Tieren auszuschmücken und die Stadt mit Häusern. Auch Mama und Leo wollte er malen.

„Na fein", sagte Mama. „Dann geh' ich jetzt mal."

Sie wollte sich aufrichten. Aber Leo krallte sich angsterfüllt an ihrer blauen Strickjacke fest. Mama musste die Strickjacke ausziehen, um aufstehen zu können. Leo kuschelte sich hinein, wie in einen großen Mantel. Die Jacke roch nach Mama, fühlte sich an wie Mama, und die Knöpfe klapperten wie bei Mama.

Aber Mama stand daneben und Tränen stiegen ihr in die Augen.

„Und ich?" fragte sie und war ganz verzweifelt.

Leo sah sie erstaunt an. Er hatte ganz vergessen, dass Mama ihn genau so vermissen würde wie er sie. Sie musste ja ganz allein ohne ihn in die feindliche Welt hinaus. Leo sprang auf, rannte in sein Zimmer und kam mit seiner kleinen Strickjacke zurück.

„Hier", sagte er, „hastu meine Strittjatte. Nu brauchstu aber gar keine Angst mehr zu haben."

Mama küsste ihren kleinen Leo auf die dicken Backen, nahm die kleine Strickjacke und für alle Fälle noch ihren Mantel mit und ging zur Arbeit. Leo malte und spielte den ganzen Vormittag sehr zufrieden mit Hiltrud. Er trug die ganze Zeit die blaue Strickjacke. Die roch wie Mama, fühlte sich an wie Mama und die Knöpfe klapperten wie bei Mama. Da machte es gar nichts aus, dass Mama eine halbe Stunde zu spät zum Mittagessen kam.

„Deine kleine Strickjacke hat mir sehr geholfen“, sagte sie. „Und mein Chef will sich auch so eine von seinem Sohn mitbringen, denn er hat morgen einen schweren Tag.“

Die verschluckte Kröte

Es war einmal eine junge Prinzessin, die wohnte mit ihren jüngeren Geschwistern in einem Schloss mit König und Königin und dem ganzen Hofgesinde. Das Schloss war hübsch, das Hofgesinde fleißig, die Königin schön und der König mächtig. Alles schien in bester Ordnung.

Aber in der Nacht wurde der König zum Zauberer und zauberte böse Dinge. Niemand wusste das, außer der kleinen Prinzessin.

Eines Tages, als alle in dem hübschen Esssaal des hellen Schlosses am Tisch saßen, sagte die kleine Prinzessin plötzlich: „Wenn es Nacht wird, ist unser Vater, der König, ein böser Zauberer."

Alle starrten die Prinzessin entsetzt an. Der Diener ließ vor Schreck die Suppenschüssel fallen. Die Hofdame rief: „Aber Prinzessin, so etwas sagt man doch nicht."

Die Geschwister schauten stumm und ängstlich drein. Der König sprang auf und schrie:

„Was für eine bodenlose Unverschämtheit. Das ist Majestätsbeleidigung. Dafür werde ich dich in den Turm einsperren!" Und er schlug mit der Serviette auf die Prinzessin ein. Die Königin trat dazwischen und sagte: „So schlimm ist es ja nun auch wieder nicht. Lieber König, beruhige dich und setz dich wieder hin. Kinder in dem Alter stecken voller Phantasiegeschichten. Das muss man nicht ernst nehmen. Wahrscheinlich hat die Prinzessin schlecht geträumt. Entschuldige dich bei deinem Vater, liebes Kind. Und dann wollen wir den ganzen Vorfall vergessen."

Die kleine Prinzessin war kreidebleich und zitterte vor Angst. „Entschuldigung", flüsterte sie und sah zu Boden. Aus den Augen des Königs loderten schwefelgelbe Flammen. Das verwunderte alle ein wenig. Aber dann hatte er sich gleich wieder beruhigt. Es wurde eine neue Suppe gebracht und alles ging seinen gewohnten Gang.

Aber in der Nacht, als alle schliefen, wurde der König wieder zum Zauberer und zauberte böse Dinge.

„Wenn du noch einmal etwas zu irgend jemandem über meine Zauberei sagst", zischte er der Prinzessin zu, die ihm mit weit aufgerissenen Augen ängstlich zusah, „dann wird ein Blitz vom Himmel fallen und dich und deine Mutter erschlagen."

„Mag er mich doch umbringen", dachte die kleine Prinzessin bei sich. „Aber dass meine geliebte Mutter stirbt, das will ich nicht." So schwieg sie und ängstigte sich eine lange Zeit.

Es war kein Wunder, dass sie davon krank wurde. Und lernen konnte sie auch nicht mehr richtig. Wie sollte da eine gute Königin aus ihr werden? Man ließ verschiedene Ärzte und Lehrer kommen. Aber keine Medizin und kein Zureden half.

Und in der Nacht, als alle schliefen, wurde der König zum Zauberer und zauberte böse Dinge.

Schließlich kam eine Lehrerin ins Schloss, die klug und zugleich anteilnehmend war. Sie wusste, dass auch Prinzessinnen unglücklich sein können und der äußere Schein oft trügt. Die kleine Prinzessin hatte sie gern und fasste Vertrauen zu ihr. Eines Tages brachte die Lehrerin ein Märchenbuch mit und wollte der Prinzessin Zaubermärchen vorlesen. Da fing das Kind furchtbar an zu schreien, hielt sich die Ohren zu und rannte hinaus. Und so schnell und kopflos rannte sie, dass sie die Treppe hinunterfiel und sich das Bein brach. Das war für alle ein unerklärliches Ereignis.

Als die Prinzessin nun mit ihrem Gipsbein im Bett lag und außerdem Fieber bekam, saß die Lehrerin an ihrem Bett und hielt die ganze Nacht Wache. Da konnte der böse Zauberer nicht mehr zaubern. Die Lehrerin legte feuchte Tücher auf die heiße Stirn der Prinzessin. Sie hielt ihre Hand und hörte dem ängstlichen Gestammel ihrer Träume zu.

Am nächsten Morgen sagte sie: „Ich glaube, du hast eine Kröte verschluckt. Und solange du die nicht ausspuckst, kannst du nicht gesund werden."

Die Prinzessin sah sie lange an. „Ich hab' so Angst", flüsterte sie und hielt und knetete die Hand der Lehrerin.

„Ein bisschen Mut muss schon sein", sagte diese, „denn die Kröte muss raus."

Da erzählte die kleine Prinzessin ihr alles. Die Kröte sprang heraus, und das Herz der Prinzessin wurde von einer schweren Last befreit.

Die Lehrerin wickelte die Prinzessin in eine Decke und trug sie an einen geschützten Ort. Dann holte sie den Richter. Obwohl der König der mächtigste Mann in seinem Reich zu sein schien, gab es doch etwas, dem auch er sich beugen musste: die Gerechtigkeit.

Es fiel kein Blitz vom Himmel, um die Königin zu töten. Aber sie weinte sehr über das Leid ihrer Tochter. Es tat ihr vor allem leid, dass sie ihr nicht geglaubt hatte, nicht hatte glauben wollen. In aller Öffentlichkeit dankte sie ihr, weil sie durch ihren Mut ihren Geschwistern und dem ganzen Land viel Leid erspart hatte. Mit der Lehrerin und allen Kindern zog die Königin über die sieben Berge in ein anderes Land und Leben. Die kleine Prinzessin verbrachte viel Zeit mit der Lehrerin, und sie erzählten sich neue Geschichten, die alle gut endeten.

Der böse Zauberer, der aussah wie ein anständiger König, musste ins Gefängnis. Man konnte nur hoffen, dass er da das Zaubern verlernen und ein guter König werden würde. Allein wird er es wohl nicht geschafft haben. Denn nur im Gefängnis sitzen, macht einen Menschen noch nicht gescheiter oder besser. Jemand hat ihm wohl helfen müssen. Jemand, der mit ihm den weiten Weg in die Kindheit gegangen ist, bis zu der Stelle, an der er aufgehört hat, ein guter König zu werden und statt dessen ein gieriges Kind geblieben ist; jemand, der ihn gelehrt hat, Verantwortung zu tragen. Aber das ist eine andere Geschichte.

Das blaue Geländer

Ich will aber nicht", jammerte Arne und kaute an seiner Bettdecke.

„Das wird aber nun nicht anders gehen", sagte Papa. „Sonst tut dir dein Blinddarm ewig weh."

„Was macht der Doktor denn mit dem?"

„Er schneidet ihn raus und schmeißt ihn weg. Dann ist Ruhe."

„Meinen Bauch schneidet er auf und nimmt meinen Blinddarm weg?"

„Ja. Der ist doch zu nichts mehr nütze. Weißt du, das ist so, als ob man ein – ein Sofakissen aufschneidet. Und dann näht man es wieder zu."

„Was? Nähen tut der mich auch noch? Das tut doch weh!" Arne wurde es immer mulmiger.

„Das tut überhaupt nicht weh", sagte Papa. „Denn du schläfst ja solange."

„Na, wenn der mich piekt, dann wach' ich aber bestimmt wieder auf. Bestimmt!"

„Aber nein!" Papa wusste bald nicht mehr, was er sagen sollte. „Das ist kein gewöhnlicher Schlaf. Das ist eine Narkose. Ein ganz, ganz tiefer Schlaf. Den kriegt man durch eine Medizin."

Beide schwiegen eine Weile. Arne kaute weiter an seiner Bettdecke. Dann sagte er leise: „Das kommt nur, weil Mama weggegangen ist."

„Ne", sagte Papa. „Das ist doch dein Blinddarm und nicht ihrer."

„Aber der fühlt das!“ beharrte Arne.

„Nein. Der fühlt das nicht. Ein Blinddarm kann gar nicht fühlen. Der, der ist wie ein blinder Stein“, sagte Papa mit Nachdruck.

Wieder schwiegen sie eine Weile.

„Dann soll der Doktor herkommen. Ich will nicht auch noch in ein fremdes Haus“, fing Arne wieder an.

„Das wird nicht gehen, denn der Doktor kann ja nicht mit unserem Küchenmesser operieren. Da braucht er schon seine eigenen Instrumente und helle Lampen und so. Aber schlaf mal erst. Jetzt haben wir genug geredet. Morgen sehen wir dann weiter.“

Papa deckte Arne noch einmal richtig zu und ging dann hinaus.

Aber jedermann kann sich leicht vorstellen, dass Arne nun überhaupt nicht mehr schlafen konnte.

„Mein blinder Stein tut wieder weh“, rief er. „Und außerdem will ich noch Eistee, bitte.“

Papa brachte ihm den Tee und merkte auch, dass an Schlaf nicht zu denken war.

„Ich erzähl’ dir jetzt mal, wie es morgen sein wird und wie alles aussieht“, sagte er, obwohl er Arne eigentlich hatte ablenken wollen. „Also, wenn wir ins Krankenhaus kommen, dann ist da eine große Tür. Gleich dahinter links sitzt der Pförtner in einer Art Glaskasten. Der sagt dann: ‚Guten Tag, wie heißen Sie und wohin möchten Sie?‘ Und du sagst dann: ‚Ich heiße Arne Klein und ich möchte zu Herrn Doktor Berger in die Chirurgische Abteilung.‘

‚Dann folgen Sie bitte der blauen Spur‘, wird der Pförtner sagen.

Wir gehen in die große Halle, und da sind lauter bunte Fußstapfen auf dem Boden, rote, grüne, gelbe und blaue. Wir gehen also den blauen Fußstapfen nach und kommen zu einer

Treppe mit blauem Geländer. Die gehen wir hinauf. Im ersten Stock ist eine große Glastür. Darüber steht: Chirurgische Abteilung, Station III. Die Drei ist nicht so rund geschrieben, sondern mit drei Strichen, weißt du?“

„Wohin gehen denn die anderen Fußspuren?“ fragte Arne.

„Die führen zu anderen Stationen. Es werden ja nicht alle Kinder operiert. Manche haben eine lange Krankheit oder müssen zum Röntgen.“

„Erzähl weiter“, sagte Arne. Und Papa fuhr fort:

„Auf der Station III ist eine Stationsschwester, die heißt Clara.

‚Na, du bist wahrscheinlich der Arne‘, wird sie sagen. ‚Dann komm mal mit. Wir haben ein schönes Bett für dich.‘ Dann kommen wir zu den Kinderzimmern. Die obere Hälfte der Wände ist aus Glas. Das ist lustig, denn so können sich alle Kinder sehen, wenn sie wollen. In deinem Zimmer liegt wahrscheinlich schon ein Kind im anderen Bett. Vielleicht hat es ein gebrochenes Bein und einen Gipsverband. ‚Hast du denn Schlafanzüge und Handtücher dabei?‘ wird dich Schwester Clara fragen. Und die hast du dann dabei. Natürlich auch deine Waschsachen, Bilderbücher und dein Zebra.

Dann ziehst du dich aus und legst dich ins Bett. Nach einer Weile kommt der Doktor, den kennst du ja schon. Er untersucht nochmal deinen Bauch und dann sagt er wahrscheinlich: ‚Also, bis nachher dann, im OP.‘ Das soll Operationsraum heißen. Vielleicht sagt er auch noch, dass du keine Angst zu haben brauchst, aber das weißt du ja schon. Dann bekommst du eine Spritze. Das kennst du ja auch schon vom Blutabnehmen. Da wirst du ganz müde, domelig und schläfrig. Schwester Clara und noch eine andere Schwester legen dich auf ein fahrbares Bett und fahren dich durch viele Gänge und in den Aufzug und nochmal durch einige Gänge und dann bist du auch schon eingeschlafen. Wenn du aufwachst, liegst du wieder in deinem Bett bei dem anderen Jungen."

„Und was war los, als ich schlief?" fragte Arne. Auf einmal fand er das alles sehr interessant.

„Im Schlaf, das heißt mit der Narkose, warst du im Operationssaal. Da war der Doktor Berger mit einigen Operationsschwestern, dem Narkosearzt und einem Assistenzarzt. Die sind alle ganz furchtbar sauber angezogen und gewaschen, mit Mundschutz sogar, damit kein Schmutz irgendwo reinkommen kann. Der Doktor operiert dich und die andern helfen ihm. Ganz fix geht das. Und schon ist alles vorbei.

Ein Glück, dass wir so ein gutes Krankenhaus haben."

Papa redete noch eine Weile ruhig weiter, bis er merkte, dass Arne schon eingeschlafen war. Er legte sich neben ihn, damit er ihn jederzeit hören konnte, denn besonders in der Nacht brauchen kranke Kinder ja die Erwachsenen.

Am nächsten Tag ging es haargenau so zu, wie Papa es erzählt hatte. Es war wie in einem Film, den Arne schon kannte. Eilig lief er auf den blauen Fußspuren entlang und am blauen Geländer hinauf, bis er die Drei mit den drei Strichen über der Tür sah. Schwester Clara sagte auch genau das, was Papa gesagt hatte. Sie wunderte sich nur, dass Arne so munter war und sich gar nicht an seinem Papa festklammerte. Erst als Doktor Berger auf seinen Bauch drückte, tat es Arne wieder weh und er musste beinahe weinen.

„Hast du auch seit gestern Abend nichts gegessen?" fragte der Doktor, und als Arne das bestätigte, sagte er: „Na dann..."

„...auf Wiedersehen im OP", vollendete Arne den Satz. Da musste der Doktor lachen.

Dann kam das mit der Schlafspritze und dem rollenden Bett und leider, leider verschlief Arne den Rest. Eigentlich hätte er so gerne auch miterlebt, wie es im OP zuging. Aber als er wieder aufwachte, lag er in seinem Bett neben einem Jungen mit Gipsbein. Er hob die Decke hoch und schaute auf seinen Bauch. Der war gelb angemalt und hatte einen kleinen Verband, unter dem sich die Naht befand. Sehr zufrieden sah er seinen Papa an, der am Bett saß, wie versprochen. Arne hatte im Arm eine Nadel mit einem langen Schlauch stecken, durch den eine Flüssigkeit floss.

„Das ist praktisch", sagte Papa. „Da brauchst du heute gar nichts zu essen, denn das ist eine Nährflüssigkeit."

„Aha", sagte Arne müde. Und schon war er wieder eingeschlafen.

Am nächsten Tag war auch der Nährflüssigkeitsschlauch weg und Arne hatte viel Spaß mit dem Jungen mit dem Gipsbein. Sie ließen ihre Betten zusammenschieben und spielten Mensch-ärger-dich-nicht.

Später in der Schule erzählte er allen gerne von seinen Erlebnissen im Krankenhaus, vom blauen Geländer bis zur Nährflüssigkeit, alles haarklein.

„Hattest du denn keine Angst?" fragten die anderen Kinder.

„Nö", sagte Arne und gab ein bisschen an. „Man muss halt nur vorher ganz genau wissen, was passiert. Dann erkennt man's wieder und weiß Bescheid."

Der Wutriese

Karlheinz hatte große Angst vor dem Wutriesen. Der war so etwas Ähnliches wie der Geist in der Flasche. Meistens merkte man nichts von ihm. Machte aber jemand den Korken von der Flasche ab, dann stürzte der Wutriese heraus und richtete sehr viel Schaden an.

Verständlich, dass Karlheinz vor ihm Angst hatte. Das Dumme war bloß, dass dieser Wutriese in ihm selbst steckte.

Eigentlich war Karlheinz ein umgänglicher, eher schüchterner Junge. Er ging jetzt in die Schule und hatte weiter keine Schwierigkeiten. Bis eines Tages Kemal sitzenblieb und in seine Klasse kam.

Kemal war äußerlich größer, älter und stärker als alle anderen Kinder. Aber innerlich war er unsicher und verletzlich. Deshalb musste er mächtig angeben. In der Pause machten bald alle, was er wollte. Er sagte zum Beispiel: „Gib mir dein Pausenbrot!" oder: „Heb mir den Ball auf!" oder: „Kauf mir 'ne Fanta!" Und alle machten es.

Fast alle. Karlheinz hielt sich von Kemal fern. Das ärgerte den.

Eines Tages fing er Karlheinz auf dem Schulhof ab und schrie:

„Da, den Apfelbutzen, heb den auf!"

„Mach's doch selber", sagte Karlheinz und wollte weitergehen. Aber Kemal, der gut einen Kopf größer war, packte ihn am Hemd und schrie: „Wenn ich es sage, dann machst du das, du kleiner Wurm. Sonst bist du Matsch!"

Schwupp, war der Korken von der Flasche. Die umstehenden Kinder konnten gar nicht so schnell gucken, wie Kemal auf der Erde lag, ein blaues Auge hatte und heftigst aus der Nase blutete.

Karlheinz schaute erstaunt auf ihn herab. Er konnte den herbeigeeilten Lehrern auch nicht erklären, wie das gekommen war. Der Wutriese war längst wieder in seiner Flasche.

Diesmal war Karlheinz noch der Held der Klasse. Er hatte den stärksten Jungen besiegt. Kemal wagte sich nicht mehr in seine Nähe und ließ auch die anderen in Ruhe, wenn Karlheinz da war.

Einmal kam Karlheinz nach Hause. Da hatte seine kleine Schwester seine schönen Schleierfische aus dem Aquarium gefischt und zum Schlafen in ihr Puppenbett gelegt. Natürlich lebten sie nicht mehr.

Schwupp, war der Korken von der Flasche.

„Du blöde Sau!“ schrie Karlheinz und warf das kleine Aquarium samt Wasser auf die Erde, dass es krachend zersprang. Die kleine Schwester schrie wie am Spieß. Als die Eltern angerannt kamen, konnte Karlheinz auch nicht erklären, wie das passiert war. Der Wutriese war längst wieder in der Flasche.

Das war nun nicht gerade eine Heldentat. Man konnte von Glück sagen, dass der kleinen Schwester nichts passiert war.

Mit der Rechtschreibung stand Karlheinz auf Kriegsfuß. Das hatte auch seine Lehrerin gemerkt und ließ keine Gelegenheit aus, ihn damit zu necken.

„Deine Rechtschreibung ist reformbedürftig“, sagte sie und lachte.

Oder: „Wollt ihr mal wissen, wieviele Möglichkeiten es gibt, ‚verfrüht‘ zu schreiben?“

Karlheinz konnte das natürlich nicht so lustig finden wie alle anderen, vielmehr kränkte es ihn mehr und mehr. Deshalb übte er fleißig zu Hause, aber mit wenig Erfolg. Beim nächsten Diktat hatte er wieder sehr viele Fehler. Fälschlicherweise war die Lehrerin der Meinung, es sei das Beste, das Ganze mit Humor zu würzen und sagte:

„Obwohl der Karlheinz anscheinend nicht geübt hat, hat er doch sieben Worte richtig geschrieben." Die Klasse lachte.

Schwupp, war der Korken von der Flasche.

„Blöde Kuh!" schrie Karlheinz und schleuderte sein Schulbuch in Richtung Lehrerpult. Unglücklicherweise traf es die Lehrerin am Kopf. Ihre Brille fiel runter und zerbrach.

Nun war Karlheinz ganz gewiß kein Held mehr. Der Wutriese war längst wieder in seiner Flasche und der arme Karlheinz saß da, leichenblass und wie ein Häuflein Elend.

Versteht Ihr nun, warum Karlheinz solche Angst vor diesem Wutriesen hatte? Das Schlimme war auch, dass niemand etwas von dem Wutriesen wusste. Alle dachten ja, dass er, Karlheinz, der Verursacher all dieser Gewalttaten sei.

Voller Verzweiflung rannte Karlheinz davon, rannte aus der Stadt hinaus und in den Wald hinein, rannte vor dem Wutriesen davon und konnte ihn doch nicht loswerden. Schließlich konnte er nicht mehr weiter und ließ sich ins Gras fallen. Das war am Rande einer Schlucht.

Und plötzlich saß der Wutriese neben ihm. Gar nicht monsterhaft und mit blutunterlaufenen Feueraugen, wie er ihn sich immer vorgestellt hatte. Nein, wie ein ganz normaler Riese eben, freundlich und kräftig.

„Ich will dich loswerden, denn du bringst mir nur Unglück", sagte Karlheinz und rückte von dem Riesen ab.

„Das geht nicht. Wir sind zusammen geboren und werden zusammen sterben", sagte der Riese.

„Nein", sagte Karlheinz. „Nicht wenn du dich weiter so benimmst. Wie kommst du eigentlich dazu?"

„Das will ich dir sagen", antwortete der Wutriese. „Das ist so: Wenn jemand dich sehr beleidigt, dann steh' ich am Abgrund. Und damit ich nicht in den Abgrund falle, falle ich über die Leute her, mit all der Fallgeschwindigkeit, mit der ich sonst in den Abgrund fallen würde. Und das ist eine Menge."

Karlheinz konnte das nachfühlen.

„Denkst du denn gar nicht an die anderen?" fragte er.

„Wann denn? Wenn ich doch schon überm Abgrund hänge", sagte der Wutriese und tat sich selber leid. Auch das konnte Karlheinz nachfühlen.

„Trotzdem muss es anders werden", sagte er und sah den Wutriesen an, der da war und auch eigentlich nicht da war, jedenfalls nicht so, wie ein Mensch dagewesen wäre. Karlheinz sah in die Schlucht hinunter, an der sie saßen.

„Wenn jetzt ein Sturm käme oder einer dich schubsen würde, dann würdest du doch nicht in die Schlucht fallen?" fragte er.

„Natürlich nicht", bestätigte der Riese.

„Wenn ich dich schon nicht loswerden kann, dann werde ich dich von jetzt an durchlässig machen, wie Luft, wie nichts, wie Nebel. Dann wirst du nicht in den Abgrund fallen und darum auch nicht über andere herfallen müssen."

Das leuchtete irgendwie ein. Aber würde es auch funktionieren?

„Wenn es mal ganz schlimm kommt, könnte ich dann aber doch…?"

fragte der Wutriese. Und das mochte Karlheinz nicht ausschließen.

Zuerst aber musste er das Durchlässigmachen üben. Sehr viel muss man üben, wenn man einen ganzen großen Wutriesen durchlässig machen will, wie Luft, wie nichts, wie Nebel. Und der Wutriese muss dabei natürlich auch mitmachen. Aber es funktioniert. Das wird Euch Karlheinz bestätigen.

Die machen sich jetzt ein anderes Kind

Na, du bist ja immer noch da", sagte Frau Dostal und schloß die Tür zum Spielzimmer. Molly saß in der Garderobe auf dem Bänkchen und fummelte an ihrem Schuh herum. Am anderen Fuß hatte sie noch den Pantoffel.

„Alle andern Kinder sind ja schon längst nach Hause gegangen und ich will jetzt auch zu Mittag essen." Die Erzieherin kniete sich hin und half Molly beim Schuhzubinden. Langsam schlich Molly zur Tür hinaus und an den Büschen entlang nach Hause. Jeden Tag war das jetzt so und allmählich machte sich die Erzieherin Sorgen.

„Willst du auch ein Kind?" fragte Molly eines Mittags.

„Natürlich", sagte Frau Dostal. „Aber jetzt noch nicht."

„Könntest du nicht so lange mich nehmen?"

Frau Dostal stutzte. „Aber du hast doch schon eine Mama und einen Papa."

„Ne!" schrie Molly. „Die woll'n mich nicht mehr. Die machen sich jetzt ein anderes Kind." Molly krallte sich an Frau Dostal fest und heulte einen großen Fleck in ihren Rock. Die Erzieherin nahm sie auf den Schoß, und Molly erzählte ihr die ganze, ganze Geschichte. Da ließ Frau Dostal ihr Mittagessen Mittagessen sein und ging mit Molly nach Hause.

„Ja, was ist?" fragte Mollys Mama, als sie die Tür öffnete. Sie sah sehr müde und abgearbeitet aus. Darum klang ihre Stimme etwas scharf.

„Darf ich reinkommen?" fragte die Erzieherin.

„Na ja – ich bin grad am Kochen. Da müssen Sie halt mit in die Küche kommen."

Also gingen alle drei in die Küche.

„Molly ist in letzter Zeit ja immer ein bisschen spät nach Hause gekommen", begann Frau Dostal.

„Och, das hab' ich gar nicht bemerkt. Ich dachte, der Kindergarten sei erst dann aus…" Die Mutter tat die Nudeln ins kochende Wasser und rührte die Soße um.

„Molly glaubt nämlich, Papa und Mama hätten sie nicht mehr lieb."

Mollys Mama schaute erstaunt auf. „Was für ein Unsinn. Natürlich haben wir dich lieb, Molly!"

Molly glaubte es nicht. Die Mama fing an, den Salat zu waschen.

„Molly meint, weil sie die schöne Tasse kaputtgemacht und ihren Roller draußen vergessen hat, weil sie ihr Zimmer nicht aufgeräumt und ihre Zähne nicht geputzt hat und weil sie zu allem hin auch noch wüste Wörter geschrien und mit dem Fuß aufgestampft hat, darum könnten Sie sie nicht mehr leiden und würden sich nun ein anderes Kind machen."

Frau Dostal schwieg, Molly stand kreidebleich da und Mama hörte auf, den Salat zu waschen. Langsam drehte sie sich um und schaute Molly nachdenklich an. Sie dachte daran, wie sie selbst einmal so ein kleines Mädchen gewesen war. Sie kniete sich zu ihrer Tochter nieder und umarmte sie. Auf einmal fühlte sie wieder die ganze Trauer und Angst, die einen kleinen Menschen überfällt, wenn er glaubt, nicht mehr geliebt zu werden. Sie weinte und Molly weinte auch.

Aber dann mussten alle drei plötzlich lachen, denn Molly hatte gerade gesagt: „He, dein Baby hat mich geschubst!"

„Ja", sagte Mama und rappelte sich hoch. „Das ist ein ordentlicher Strampler."

Zischend kochten die Nudeln über und Mama stellte das Gas ab.

„Übrigens ist das nicht mein Baby, sondern unser Baby. Wenn ich es geboren habe, dann wird es dein Geschwisterchen sein. Und ich will dir sagen, es freut sich schon auf dich, denn es ist gut, eine ältere Schwester zu haben, die einen beschützt."

Molly schaute fragend zu Frau Dostal. „Ja, so ist das."

„Ist es denn ein Bruder oder eine Schwester?" fragte Molly jetzt schon neugierig.

„Das wird nicht verraten, denn es ist eine Überraschung", sagte Mama und machte ein Gesicht wie vor Weihnachten.

„Kannst du es nicht jetzt gleich geboren?" fragte Molly und hüpfte ungeduldig von einem Bein auf's andere.

„Ne, du", sagte Mama. „Es ist ja noch nicht fertig."

Molly sah Mamas Bauch an und fragte sich, was an dem Baby wohl noch nicht fertig sei. Dann seufzte sie. „Hach, was mach' ich bloß die ganze Zeit, bis es kommt?"

„Da weiß ich was", sagte Frau Dostal. „Du kannst deinem Geschwisterchen viele Bilder malen. Die tut dein Papa dann in schöne Rahmen und hängt sie über das Bettchen. Da weiß dein Baby gleich, dass du es erwartet hast. Und ein Mobile könnten wir auch machen."

„Wollen Sie nicht zum Essen bleiben?" fragte Mollys Mama. „Trotz allem wird es ja nun gleich fertig sein."

Nach etwa drei Wochen kam Molly ganz glücklich in den Kindergarten und sagte: „Ratet mal, was ich bekommen habe?"

„Rollschuhe? Eine neue Hose? Eine Kassette?"

„Viel besser", rief Molly. „Ein Baby! Es ist ein Junge und heißt Rudi. Und das ist jetzt immer, immer mein Bruder!"

Nach einer weiteren Woche durften alle Kindergartenkinder diesen Bruder bewundern. „So winzige Fingerchen. Du meine Güte!"

Manchmal hat Molly noch dieses traurige Angstgefühl gekriegt, aber dann konnte sie damit zu Mama oder Papa gehen und darüber reden.

Weiß der Himmel, woher Frau Dostal wusste, dass man sich nicht nur im Stillen lieben kann, sondern dass man es auch manchmal sagen muss: „Ich hab' dich lieb, ich hab' dich lieb!“

Hefekloß

In Christians Klasse gab es einen dicken Jungen. Walze sagten die anderen Kinder zu ihm oder Hefekloß oder sogar Fettsack. Alle hänselten ihn, niemand wollte mit ihm spielen. Christian beteiligte sich zwar nicht an den Hänseleien, aber auch er wollte nicht mit dem dicken Jungen zusammen nach Hause gehen, obwohl sie den gleichen Schulweg hatten. Er hatte nämlich Angst, dass ihn die anderen Kinder dann auch verspotten würden. Aber er schämte sich auch. Er schämte sich, weil der Hefekloß so dick war; er schämte sich, weil die anderen Kinder so gemein waren; und er schämte sich, weil er selbst so feige war und nichts dagegen sagte.

Eines Tages ging er auf die Auwiesen hinter seinem Haus. Es war Herbst und schönes Drachenwetter. Da sah er Hefekloß, der geschickt einen wunderschönen Kastendrachen fliegen ließ. Christian sah sich um, ob auch niemand anderes aus der Schule da war. Dann ging er zu Hefekloß und sagte: „He, einen schönen Drachen hast du."

Der dicke Junge sah Christian und freute sich. „Willst du ihn auch mal fliegen lassen?"

So beschäftigten sich die beiden Jungen eine Weile mit dem Drachen. Dann sagte der Dicke: „Jetzt muss ich nach Hause gehen und die Rechenaufgaben machen. Hast du deine schon?"

„Ne", sagte Christian. Er hasste rechnen und war darin ziemlich schlecht.

„Dann komm doch mit zu mir und wir machen's zusammen."

Der Dicke sah Christian so erwartungsvoll an, dass er nicht nein sagen konnte. Zu Christians Erstaunen wohnte Hefekloß in derselben Straße wie er, nur einige Häuser weiter.

Dann saßen sie am Küchentisch, und Christian sagte: „Geteilt durch finde ich saublöd. Ich versteh's einfach nicht, und da mach ich auch keine Hausaufgaben. Hat doch keinen Sinn."

„Find' ich nicht", sagte Hefekloß und schlug das Heft auf.

„Weißt du, du darfst bloß nicht ‚geteilt durch vier' sagen. Da kann man sich ja nichts drunter vorstellen. Du musst geteilt in vier sagen. Geteilt in Viererhäufchen. Also zwanzig kann man in fünf Viererhäufchen zerteilen. Das sieht man doch direkt vor sich."

Da fiel bei Christian fast hörbar der Groschen.

„Ach so!" rief er und hatte auf einmal Lust zum Rechnen. Er rechnete und rechnete einen ganzen Zettel voll.

Dann kam die Mutter des dicken Jungen von der Arbeit nach Hause. Sie hatte ihm lauter gute Sachen zum Essen mitgebracht. Kuchen und Hamburger und Chips und Bananen. Sie war eine sehr liebe Frau. Christian verstand, dass man da einfach nicht aufhören konnte zu essen.

„Ich glaube, Christian, jetzt musst du heimgehen", sagte schließlich die Mutter. „Und komm doch mal wieder. Dein Freund hier ist immer so allein."

„Tschüss", sagte Hefekloß und schaute traurig drein.

Christian lief nach Hause, mit sehr gemischten Gefühlen.

„Ich kann jetzt teilen", sagte er zu seinem Vater.

„Was hast du denn geteilt? Und mit wem?" fragte der.

„Ich meine doch Rechnenteilen", sagte Christian.

„Ach so. Deswegen schaust du so traurig. Ich hab' mich schon gewundert." Der Vater sah seinen Sohn fragend an.

„Ne, deswegen nicht." Christian schwieg eine Weile. Dann sagte er: „Papa, zu wem würdest du stehen, zu einem oder zu allen anderen?"

„Mir wäre es am wichtigsten, dass ich vor mir selbst bestehen kann, wenn ich in den Spiegel schaue", sagte der Vater ganz ernst.

Christian lief ins Badezimmer und schaute in den Spiegel. Dort sah er einen sehr dünnen Jungen mit Sommersprossen und großen, ängstlichen Augen.

Am nächsten Tag schrieb der Lehrer einen Rechentest. Der dicke Junge hatte, wie fast immer, eine Eins. Christian hatte eine Zwei.

„Ja, Christian", sagte der Lehrer erfreut. „Bei dir hat's offenbar geschnackelt. Sonst hast du doch immer nur Fünfen geschrieben."

Da stand Christian auf und sagte zittrig, aber laut:

„Hefekloß hat es mir erklärt. Da hab ich's verstanden."

Einen Moment lang war es ganz still in der Klasse.

„Hefekloß?" fragte der Lehrer. „Wer ist denn das?"

Da brüllten alle los vor Lachen.

„Das bin ich", hörte man eine leise Stimme.

Der Lehrer drehte sich um. „Ach, du. Aber getauft bist du doch nicht so?"

„Nein, getauft bin ich Hannes."

„Dann wollen wir doch auch dabei bleiben, Hannes. Nicht wahr, Christian?"

Christian nickte.

„Streber, Streber", zischelte die Klasse. Christian wurde blass und setzte sich hin.

Aber nach der Schule konnte jeder sehen, dass Christian mit Hannes nach Hause ging. Und am nächsten Tag kam er mit ihm zusammen in die Schule. Auch in der Pause waren sie zusammen und tauschten ihre Vesperbrote. Schularbeiten machten sie jetzt auch oft zusammen und dann ließen sie Drachen steigen.

Zwei, drei Tage spotteten die Kinder noch über die zwei. Dann ging ihnen sozusagen das Pulver aus. Sie gewöhnten sich an das Freundespaar, und schließlich wurden der dünne Christian und der dicke Hannes ein Wahrzeichen der Klasse.

Einmal schaute Christian zufällig wieder in den Spiegel. Da sah er einen sehr dünnen Jungen mit Sommersprossen und lustigen tatkräftigen Augen. Er nickte ihm zufrieden zu.

Topinambur, die Zauberwurzel

In einem Wald, weit hinter den sieben Bergen, lebte einmal ein kleiner ängstlicher Hase. Er hörte auf den Namen Wuschel. Eigentlich ging es ihm gut, aber immer hatte er das Gefühl, dass alle anderen irgendwie gemein zu ihm seien oder zumindest blöd. Wo er doch gar nichts dafür konnte!

Hatte er sich zum Beispiel beim Wasserholen das Vorderbein verstaucht und konnte deshalb Molly, einem ganz kleinen Hasenmädchen, die Pfote nicht reichen, wenn sie über den kleinen Bach springen mussten, dann heulte Molly gleich los.

Wenn er im Kindergarten sein Kohlblatt auspackte und genüsslich zu knabbern begann, dann riefen die anderen Kinder „Kohlfresser, Kohlfresser" und versuchten, ihm das Kohlblatt wegzureißen. Zwar schlichtete die Erzieherin, Frau Dachs, jedesmal den Streit und gab Wuschel sein Blatt zurück. Aber wer will schon angeknabberte Blätter fressen?

Nachmittags kam zuweilen seine Freundin, die Ringeltaube, angeflogen, um mit ihm zu spielen. Wuschel sah zuerst den Schatten, den sie beim Fliegen machte. Dann versteckte er sich jedes Mal schnell, denn er fürchtete, es könnte ein Habicht sein. Das hatte er so gelernt. Die Ringeltaube war dann lange Zeit beleidigt. Da konnte doch Wuschel nichts dafür!

Am meisten wurmte es ihn, wenn seine Mama ihn am Morgen ausschimpfte, wenn er das Frühstückswasser nicht geholt hatte. Was konnte er denn dafür, wenn er wieder mal verschlafen hatte?

Allmählich sah Wuschel sich von lauter Feinden umgeben und wusste gar nicht mehr, was er machen sollte. Am liebsten wäre er einfach im Nest unter dem Ginsterbusch geblieben. Aber auch da gab es Probleme, denn Wuschel setzte sich oft auf den vorgewärmten Platz seiner älteren Schwester. Die musste sich dann einen neuen anwärmen. Dafür gab sie ihm heimlich einen wohlgezielten Tritt, die Gemeine!

Schließlich sagte Mama Hase: „Junge, so geht's nicht weiter. Immerzu beklagst du dich. Immerzu bist du unglücklich. Und jetzt hast du so viel Angst, dass du gar nicht mehr aus dem Nest willst. Ach, ach, ach."

Frau Hase ging mit Wuschel zum Zwergendoktor. Der hieß Tausendjahr. Ob er wirklich tausend Jahre alt war, wusste niemand. Aber alt war er und hatte viel Erfahrung. Wuschel hatte etwas Angst vor ihm. Aber Doktor Tausendjahr hörte sich nur die ganze Geschichte an, die für Wuschel so unbegreiflich war. Schließlich sagte er:

„Ich habe da eine Wurzel. Sie heißt Topinambur. Kannst du das behalten: Topinambur?"

„Topinambur", sagte Wuschel und sah sich die Wurzel an.

„Die geb' ich dir mit", sagte der Zwergendoktor. „Jedesmal, wenn du dich ungerecht behandelt fühlst, kannst du in die Wurzel beißen und aufpassen, was dann passiert."

Wuschel schnupperte an der Wurzel und nahm sie dann in seine Pfote. Mama Hase bedankte sich.

Gleich am nächsten Morgen hatte Wuschel die Gelegenheit, Topinambur auszuprobieren. Er erwachte von dem Schimpfen seiner Mama: „Wieder kein Frühstückswasser da. Muss man denn hier alles alleine machen, du Siebenschläfer, du!"

Wuschel, noch halb in seiner Nestkuhle, biß in die Wurzel. Und auf einmal befand er sich in der Mama. Er fühlte, wie müde sie war, fühlte ihre abgearbeiteten Pfoten, die schon die Rüben geputzt, die Kinder gebürstet, das Nest aufgeräumt und den Vesperkohl geholt hatten. Er fühlte, wie einem da der Hasenrücken wehtun konnte.

Wuschels verstauchte Pfote tat immer noch ein bisschen weh. Deshalb hatte er ein kühles Blatt darum gewickelt. Als er mit Molly an den kleinen Bach kam, sah sie ihn ängstlich an und fing sofort an zu weinen. Das machte Wuschel wütend. Aber zum Glück dachte er daran, in die Wurzel zu beißen. Da fühlte er Mollys kleines, ängstliches Herz klopfen und er dachte wie Molly, dass jemand, der einem keine helfende Pfote mehr reiche, einen wohl auch nicht mehr liebhabe.

Als im Kindergarten die Kohlfressergeschichte losging, biss Wuschel in seine Wurzel, statt in den Kohl. Da konnte er fühlen, wie die anderen Kinder ihn um sein schönes, saftiges Kohlblatt beneideten. Er fühlte in sich sogar eine Wut aufsteigen, eine Wut gegen diesen Wuschel, der den anderen da gemütlich sein fettes Kohlblatt vorkaute.

Und auch als die Ringeltaube am Nachmittag kam und vorwurfsvoll gurrend auf einem Ast saß, weil er sich wieder versteckt hatte, biss er in seine Topinamburwurzel. Da fühlte er, wie es ist, wenn ein Freund sich vor einem wie vor einem Feind versteckt. Er fühlte sich gekränkt.

Bevor Wuschel sich an diesem Abend auf den vorgewärmten Nestplatz seiner Schwester setzte, biss er wieder in die Wurzel. Er konnte nun fühlen, wie sich seine Schwester fühlte, wenn sie von der Wiese zurückkam und ihren gemütlichen Platz unterm Ginsterbusch besetzt vorfand. Eine Ungerechtigkeit war das.

Die Zauberwurzel Topinambur hatte also ihre Wirkung getan. Wuschel hatte etwas gefühlt, gesehen und gedacht, was er vorher noch nie gefühlt, gesehen und gedacht hatte. Er hatte immer nur an sich gedacht und sich gefühlt. Jetzt verstand er viel mehr und hatte darum viel weniger Angst. Und was glaubt Ihr wohl, was er in der nächsten Zeit gemacht hat?

Ja, das ist allen aufgefallen. Und wenn er danach gefragt wurde, sagte er: „Holt euch doch auch ‘ne Topinamburwurzel!“

Der Brautschatz der Spinne

Du wirst es nicht glauben", sagte Opa, „aber es gibt 35 000 verschiedene Arten von Spinnen."

„Ich dachte, es gibt nur eine, die eklige dicke auf unserem Flur", sagte Ebba. „Mama fängt sie und tut sie in den Garten. Dann wischt sie die Spinnweben weg. Aber die dicke Spinne kommt immer wieder und spinnt neue Weben. Gleich neben der Klotür. Ich geh' da gar nicht mehr hin, in die Ecke wo die ist. Da graule ich mich. Nie, nie könnte ich so 'ne Spinne anfassen."

„Das wird Frau Heinrich sein." Opa schien sich auszukennen. „Die hat so einen Flureckentick und kann Zugluft nicht leiden. Aber Frau Heinrich ist nun wirklich nur eine von Tausenden. Die, von der ich dir erzählen will, die ist aus einer ganz anderen Familie. Komm mal mit."

Ebba hatte keine große Lust, sich mit Spinnen abzugeben. Aber wenn Opa es unbedingt wollte, dann ging sie halt mal mit in den Garten.

„Sieh mal hier", sagte Opa jetzt und zeigte auf ein Spinnennetz im Rosenbusch. „Ist das nicht ein ganz wunderhübsches Netz? Die kleine Spinne da drüben hat es gemacht. Sie heißt Araneida und ist aus der Familie der Radnetzspinnen."

„Woher weißt du denn das?" fragte Ebba, ging aber nicht näher an das Netz heran.

„Ach", Opa winkte ab. „Ich kenne doch die ganze Geschichte. Araneida ist eine verzauberte kleine Weberin und möchte gerne den Sohn des Spinnenkönigs heiraten."

„Ach ne." Ebba betrachtete jetzt das possierliche Tierchen genauer. „Mit welchen Füßchen spinnt sie denn, und mit welchen webt sie?"

Die kleine Spinne krabbelte schnell an einen anderen Platz. Ebba erschrak und ging gleich einen Schritt zurück.

„Das weiß ich auch nicht so genau", sagte Opa. „Sie hat ja acht Beine. Ich glaube, mit den hinteren spinnt sie und mit den vorderen webt sie. Sieh dir mal das Netz an. Da gibt es die langen Tragfäden bis da rüber an den andern Ast und hier und da. Dann webt sie einen Rahmenfaden und von dem aus die Speichenfäden. Die gehen wie bei einem Rad in die Mitte, die man Nabe nennt. Um die Nabe ist der Faden ganz eng gewebt, siehst du. Und dann kommt erst mal eine kleine freie Zone. Das ist bei allen Netzen so. Das solltest du mal nachprüfen."

Ebba verspürte aber auch keine große Lust, Spinnennetze nachzuprüfen. Was Opa sich dabei wohl dachte! Der fuhr aber unbeirrt in seiner Betrachtung fort:

„Ist sie soweit gekommen, dann spinnt und webt sie ihren Klebefaden rund und rundherum. Manchmal kehrt sie dabei auch um, wie hier zum Beispiel. Da entsteht dann so eine Umkehrstelle. Wahrscheinlich bekäme sie sonst einen Drehwurm, und ihr würde ganz schwindelig im Kopf. Aber bedenk doch mal, wie seidendünn diese Fäden sind und sie halten doch das Netz über so eine lange Strecke."

Das fand auch Ebba erstaunlich.

„Wie ist das denn nun mit Araneida?" fragte sie. „Will die nicht erlöst werden?"

„Nein", antwortete Opa zu ihrem Erstaunen. „Sie möchte doch den Spinnenprinzen heiraten."

„Und?"

„Da gibt es nur ein Problem. Der Spinnenkönig hat zuerst gesagt, die kleine Spinne, die am besten spinnen könne und dazu auch dem Prinzen gefalle, die dürfe ihn heiraten."

„Aber?" fragte Ebba besorgt.

„Aber nun sagt er, nur eine Dame, die einen Brautschatz

von fünfzig Brillanten mitbringe, könne den Prinzen heiraten und einmal Spinnenkönigin werden."

„Aber das geht doch nicht. Das ist doch gemein. Wo Araneida sich so Mühe gegeben hat mit dem Spinnen. Und hübsch ist sie auch. Wenigstens in den Augen des Spinnenprinzen, meine ich."

Mitleidig betrachtete Ebba nun die kleine Spinne.

„Können wir denn da gar nichts machen?"

„Ich wüsste nicht, wo ich fünfzig Brillanten herkriegen soll", sagte Opa. „Aber ich habe gehört, dass die Fee Morgendämmerung, die eine Patentante von Araneida ist, ihr heimlich Hilfe versprochen hat. Araneida müsste nur dafür sorgen, dass der Spinnenkönig vor Sonnenaufgang ihr Netz besuchen kommt. Und sie weiß nicht, wie sie das machen soll."

Ebba und Opa dachten nach. Dann sagte Ebba: „Vielleicht könnten wir dem Spinnenkönig Bescheid sagen?"

Opa fand, das sei eine gute Idee. Aber wie? Wer wusste, wo der wohnte?

Und nun kam Frau Heinrich wieder ins Spiel. Opa meinte nämlich, dass alte dicke Spinnen viel wüßten. Und ob Ebba nicht ein winzigkleines Spinnenbriefchen an seine Majestät, den Spinnenkönig, schreiben könnte. Sie könnte es Frau Heinrich in die Ecke legen. Die würde es dann bestimmt überbringen.

Da lief Ebba sofort ins Haus, setzte sich an ihr Tischchen und schrieb einen klitzekleinen Spinnenbrief:

„Sehr geehrter Herr König, liebe Majestät.

Es ist sehr wichtig. Können Sie bitte vor Sonnenaufgang am Netz der kleinen Araneida sein. Ihr Netz ist wirklich das schönste und sie hat sich so Mühe gegeben. Sie ist eine süße kleine Spinne und das mit dem Brautschatz geht in Ordnung. Bitte kommen Sie. Sie werden nicht enttäuscht sein. Und Euer Majestät sollten auch an das Glück Ihres Herrn Sohnes denken.

Ihre untertänige Ebba

PS. Opa läßt auch ergebenst grüßen."

So. Das war der leichtere Teil, obwohl das Schreiben recht lange gedauert hatte. Aber nun musste Ebba in die Flurecke gehen und den Brief an Frau Heinrich übergeben. Sie machte das helle Licht an. Frau Heinrich verkroch sich in die dunkelste Ecke und tat so, als bemerke sie nichts.

„Du, Frau Heinrich", sagte Ebba. „Wir zwei mögen uns nicht. Das weiß ich. Aber nun ist es wirklich wichtig, dass du bitte diesen Brief dem Spinnenkönig bringst. Es ist wegen der kleinen Araneida, weißt du. Und du tätest uns allen wirklich einen großen Gefallen."

Die Spinne schien aufmerksam zuzuhören. Sie kam wieder ein wenig aus ihrer Ecke hervor. Ebba schien es, als mache sie ein freundliches Gesicht. Vorher hatte Ebba nie daran gedacht, dass Spinnen überhaupt ein Gesicht haben. Da schob sie das Briefchen mit einem Schwups in die Ecke, wo die Spinne saß, und machte das Licht wieder aus.

Natürlich wollten Opa und Ebba wissen, wie die Geschichte ausgehen würde. Darum beschlossen sie, am nächsten Morgen auch vor Sonnenaufgang am Netz der kleinen Araneida zu sein. Sie verrieten aber niemandem etwas davon. Opa weckte Ebba beizeiten und beide schlichen in der Morgendämmerung in den Garten. Es war feucht und kalt. Dann fingen plötzlich alle Vögel auf einmal an zu singen und zu zwitschern, als wollten sie die Sonne herbeisingen und aller Welt guten Morgen sagen.

Und da kam sie auch schon, die Sonne. Ängstlich schaute Ebba sich nach der Fee um, die nirgends zu sehen war. Und dann fiel ihr Blick auf das Spinnennetz. Es strahlte, glitzerte und leuchtete, denn fünfzig Diamanten hingen daran, schön aufgereiht auf die zarten Fäden der kleinen Spinnerin.

In einiger Entfernung saßen ein paar große und kleine Spinnen. Sie schienen ebenso überrascht auf das wunderbare Schauspiel zu starren wie Ebba. Ob eine davon eine Krone aufhatte, konnte Ebba nicht erkennen. Die kleine Araneida saß mitten in ihrem Glanz und Ebba hätte schwören können, dass sie sie lachen gehört habe.

Nach einer Weile legte Opa den Finger auf den Mund, und sie schlichen zurück in ihre Betten. Sie wollten ja das glückliche Liebespaar und die Hochzeitsgesellschaft nicht stören.

Beim Frühstück musste Ebba allen von diesem geglückten Ereignis erzählen. Sie konnte gar nicht aufhören, von den Brillanten zu schwärmen, die die gute Patenfee gebracht hatte. „Und auch die hässliche alte Frau Heinrich war dabei ganz wichtig“, sagte sie.

„Ich hätte nie gedacht, dass sie so nett sein kann. Da muss ich sie ja noch um Entschuldigung bitten.“

Aber Frau Heinrich war mal wieder ausgezogen. Auch Araneida und ihr Netz waren nicht mehr da.

„Natürlich“, sagte Ebba. „Die sind ja alle auf der Hochzeit. Eigentlich wäre ich auch gerne dabei gewesen.“

Am nächsten Morgen fand Ebba auf ihrem Nachttisch ein winziges Päckchen. Mit einer komischen Krakelschrift stand darauf:

Vielen Dank. Das Päckchen war ein Rosenblatt, und in das Rosenblatt war ein goldener Ring mit einem kleinen Brillanten eingewickelt.

„Opa, Mama, Papa", schrie Ebba und sprang aus dem Bett. „Araneida hat mir einen Ring geschenkt."

Alle kamen angelaufen und bewunderten den Schatz.

„Meine Mutter hatte mal einen ganz ähnlichen Ring", sagte Mama und schaute Opa an. Der lächelte.

Der Ring war noch ein bisschen zu groß für Ebbas Finger. Darum trug sie ihn lange Zeit an einem Samtbändchen um den Hals.

Dass irgend jemand Angst vor Spinnen haben konnte, ja, dass sie selbst einmal so schlecht von Frau Heinrich gesprochen hatte, das war ihr jetzt ganz und gar unerklärlich.

Geschichten über den Tod und das Abschiednehmen

Die Hyazinthe

Der kleine Moritz, der von Rohracker, ging einmal zu seiner Oma in die Stube und sah ihr eine Weile beim Bügeln zu.

„Du Oma", sagte er schließlich. „Kann man Blumen auch begraben?"

„Eigentlich braucht's das nicht", sagte die Oma. „Die begraben sich selbst. Wenn die Pflanzen im Herbst verwelken, dann fallen sie runter und werden zu Humus."

„Was ist Humus?" fragte Moritz.

„Humus, das ist die schöne, schwarze Gartenerde."

„Wenn aber nicht Herbst ist?" fragte Moritz weiter.

„Ha, dann…", sagte die Oma und wusste eigentlich nicht mehr, worum es ging. Schließlich erzählte Moritz, dass er vergessen hatte, seine Hyazinthe zu gießen.

„Und jetzt ist die Erde im Blumentopf knochentrocken und die Hyazinthe hängt runter auf den Tisch und ist mausetot."

„Das ist schade", sagte die Oma. „Dann solltest du sie vielleicht doch im Garten begraben."

„Kann ich deine Keksdose nehmen, als Sarg?" fragte Moritz.

„Auf keinen Fall!" rief die Oma. „Erstens ist sie noch von meinem Seligen, und außerdem verrottet sie nicht." Mit „verrotten" meinte die Oma: zu Humus werden.

„Nimm ein schönes Seidenpapier. Da oben steht die Schachtel."

Oma strich nämlich alleweil das Geschenkpapier glatt und verwahrte es in einem Karton. Moritz fand eins von Weihnachten, mit Sternchen drauf.

„Und stell auch die Schachtel wieder weg, sei so gut."

Moritz wickelte seine Hyazinthe in das Papier: Blüte, Blätter, Zwiebel, Wurzeln und alles. Dann hackte er ein Loch in der Ecke des Rasens, legte das Bündel hinein und deckte alles gut zu.

„Entschuldige Hyazinthe, dass ich vergessen hab', dich zu gießen. Kehre jetzt heim zu deinem Hyazinthen-Clan." (Er hatte gehört, dass die Indianer das so machten): „Kehre heim zu deinem Hyazinthen-Clan und sage, dass es mir leid tut und dass ich es nächstes Mal besser machen werde. Hm hm hhm hhm hm hm", summte er noch ein Hyazinthenlied hinterher. Danach fühlte er sich irgendwie besser und hatte kein schlechtes Gewissen mehr.

Im nächsten Jahr, so März oder April, geschah ein Wunder.

„Oma, Oma", schrie Moritz aufgeregt und außer Atem. „Die Hyazinthe ist wiedergekommen. Genau an der Stelle, wo ich sie begraben hab, da steht sie."

Er zerrte seine Oma hinaus in den Garten. Und tatsächlich: da hatte die Hyazinthe ihre langen, geraden Blätter aus dem Gras gestreckt und blühte in voller Pracht, blau und schön.

Die Oma schaute die Hyazinthe und dann ihren Enkel an, mit ihren lieben, lustigen Omaaugen.

„So ist's recht!" sagte sie.

Wo ist denn mein Vogel?

Wo ist denn mein Vogel?“ fragte Jimmy, als er vom Kindergarten nach Hause kam und seinen Käfig leer vorfand.

„Der, der ist in den Himmel geflogen“, sagte Mutter zögernd.

„Hat denn jemand die Tür offen gelassen?“ fragte Jimmy.

„Nein.“

„Wie kann er denn dann rausfliegen?“ Jimmy verstand das nicht.

„Ja, weißt du, seine Seele ist in den Himmel geflogen.“

„Was soll denn das sein?“ Jimmy wurde jetzt ernstlich böse.

„Alle Tiere und auch Menschen haben doch einen Körper und eine Seele“, begann Mutter zu erklären. Aber sie kam nicht weit, denn Jimmy fragte sofort:

„Also, wo ist dann der Körper?“

Mutter fühlte sich irgendwie ertappt.

„Weißt du, das ist so. Als seine Seele in den Himmel geflogen war, da, da habe ich seinen Körper aus dem Käfig genommen und weggetan.“

„Wie, weggetan?“

„Na, ich habe ihn in ein Kästchen und dann, dann in den Müll getan. Und das war auch nicht leicht für mich“, rief Mutter etwas zu laut. Jimmy sah sie verwundert an.

„Mein Vogel war also tot und du hast ihn einfach weggeschmissen?“

„Nur seinen Körper“, sagte Mutter, und es tat ihr jetzt sichtlich leid.

Jimmy sagte nichts mehr. Er ging in den Garten hinaus und

setzte sich auf seinen Lieblingsbaum. Lange saß er da. Viel zu lange, fand Mutter.

Als Vater nach Hause kam, saß er immer noch da.

Vater kam zu ihm in den Garten und setzte sich unter den Baum.

Leise fing er an zu reden:

„Es ist gut, eine Weile allein zu sein, wenn man traurig ist. Da sind dann so viele Gefühle im Bauch und im Herzen. Wut und Schmerz und Angst und Vorwürfe und Nichtverstehen und Mitleid und einfach nur Traurigkeit. Das ist ziemlich viel, was da in einem ist. Und wenn man das nicht sortiert, dann überrumpelt es einen. Wie eine Sturzflut überrumpelt es einen oder wie ein Gewitter oder wie ein Erdrutsch oder wie ein Häuserzusammenbruch. Da kann einer leicht zu Schaden kommen. Darum braucht man Zeit für sich allein, um alles zu sortieren. Und wenn man es sortiert hat, bleibt nur noch die Traurigkeit übrig. Und die kann man dann rausweinen."

Vater schwieg. Nach einer Weile hörte er es im Baum schluchzen.

Da stieg er hinauf und trug seinen kleinen Jimmy hinunter.

Er trug ihn ins Haus. Und da war Mutter und hatte eine warme Honigmilch gemacht.

„Entschuldige Jimmy", sagte sie. „Ich wollte nur etwas Gutes für dich tun und dich vor Schmerz bewahren. Aber es war falsch."

Jimmy setzte sich auf ihren Schoß.

„Ich hätte ihn wenigstens so gerne begraben", sagte er.

Vater schlug vor, ein Bild zu malen, ein Bild von der Vogelseele. Er holte Papier und Buntstifte.

„Menschenseelen sehen auf Bildern fast wie Vögel aus", sagte Jimmy. „Wie sollen denn dann Vogelseelen aussehen?"

Schließlich malte er einen großen Vogel mit Menschengesicht. Mutter holte einen alten, goldenen Bilderrahmen. Da taten sie das Bild hinein und hängten es an die Wand. Es sah feierlich aus.

„Das ist beinahe noch besser, als begraben“, sagte Jimmy.

Da war Mutter froh.

Danach gingen sie alle drei auf die Veranda, und Vater zeigte Jimmy einen ganz kleinen Stern, der über dem Sternbild des großen Bären stand.

„Da wohnt dein Vogel jetzt“, sagte er.

„Wirklich?“ fragte Jimmy.

„Wir können es uns doch einfach mal vorstellen. Das ist dann genauso schön, wie dein Bild.“

Als Jimmy schon ein großer Mann war, sah er noch manchmal nachts zu dem kleinen Stern hinauf und dachte an seinen Vogel, an seinen Vater und an seine Mutter.

Ich hab' dir einen Tag gesammelt

Manchmal geht das Leben so dahin, man weiß gar nicht wie. Man denkt nicht ans Ende des Lebens. Darum scheint es unendlich.

Dann aber gibt es Menschen, deren Tage sind gezählt. Das heißt, jeder weiß, dass sie nicht mehr lange zu leben haben, weil sie krank sind. Jeder Tag scheint ganz kostbar zu sein. Aber Tage im Bett, sind die kostbar?

Onkel Micha, dem ging es so. Bis vor kurzem noch war er sonntags immer mit Marie und deren Eltern im Wald umhergestreift und am Bärenfelsen geklettert. Aber jetzt lag er im Bett und sah manchmal gar nicht mehr wie er selber aus, fand Marie.

Onkel Micha war Mutters jüngerer Bruder, aber eigentlich noch ein Kind, ein Jugendlicher. Marie hatte ihn sehr gern. Es gefiel ihr gar nicht, dass sie jetzt sonntags ohne ihn wandern musste, dass sie all die schönen Dinge sah und erlebte und er nicht. Aber es hätte ja auch nichts geholfen, wenn sie nur an seinem Bett gesessen hätte. Dann hätten sie ja beide nichts vom Wald gesehen. Das sagte jedenfalls Onkel Micha, und darum ging Marie jetzt nur mit Mutter und Vater zum Bärenfelsen. Aber eines Tages war ihr dabei etwas eingefallen.

An diesem Abend stürmte sie mit ihrem kleinen Rucksack ins Zimmer und rief: „Micha, wir sind wieder da und…“

Aber die Mutter unterbrach sie: „Wie geht's dir, Micha? Jetzt waren wir aber lang weg, nicht wahr?“

„Ziemlich“, sagte Micha.

„Hast du dich sehr gelangweilt?“

„Schon“, sagte Micha.

„Wir überhaupt nicht“, rief Marie.

„Hast du denn Schmerzen?“ wollte der Vater wissen.

„Nein, das nicht ... bloß ... ein Tag ist eben wieder futsch.“

„Gar nicht, Micha. Ich hab ihn dir doch mitgebracht“, rief Marie.

„Wen?“ fragte Micha.

„Na, den Tag“, rief Marie fröhlich und schüttete ihren kleinen Rucksack aus. „Ich hab ihn dir gesammelt.“

Zum Vorschein kamen eine leere Bonbontüte, eine Schraube mit Mutter, eine Haselnuß, ein Haselzweig, Tannenzapfen, ein Stück Rinde, drei Steine, eine Feder, ein Bierdeckel und ein Zuckerstückchen.

„Was ist denn das?“ fragte Micha und nahm die Schraube in die Hand.

„Siehste doch. Eine Schraube vom Auto. Aber die kommt jetzt noch nicht.“ Marie nahm ihm die Schraube wieder ab.

„Zuerst kommt nämlich die Bonbontüte“, sagte die Mutter und strich sie unwillkürlich glatt.

Vater rückte den Tisch ans Bett, und alle drei fingen an, die kleinen Dinge aus dem Rucksack zu ordnen und zu bereden.

„Das Rindenstück und die abgeknabberten Tannenzapfen. Ach nein, zuerst die Zapfen und dann die Rinde. Dann aber die drei Steine. Ja.

Und hier die Feder und, und der Bierdeckel und das Zückerle.“

Beim Wort „Zückerle“ mussten alle drei lachen, und Micha fragte:

„Warum müssen die Sachen eigentlich geordnet sein?“

„Weil das der Tageslauf ist, der heutige Tag. Den hat Marie dir mitgebracht.“

„Mein Tag ist nicht gelaufen, der hat stillgestanden“, sagte Micha traurig.

„Aber nur bis jetzt“, rief Marie. „Und nu pass mal auf!“

Sie blies die Bonbontüte auf und ließ sie knallen.

„Diese Tüte will dir sagen, wieviel Bonbons wir im Auto gelutscht haben. Und jetzt kommt die Schraube. Da waren wir nämlich platt.“

„Ihr wart platt?“

„Ja, wir hatten einen Platten, und Mama musste den Reifen wechseln. Davon ist die Schraube ein Zeichen.“

„Aber ihr werdet doch nicht bloß mit drei Schrauben am Rad weitergefahren sein?“

„Nein, nein, Micha. Keine Sorge. Die hier lag im Kofferraum. Marie hat sie bloß zur Erinnerung eingepackt“, sagte die Mutter.

Marie hatte nun die Haselnuss zur Hand genommen.

„Als wir dann geparkt haben und in den Wald gegangen sind – du weißt schon wo –, da hab ich die Haselnuss gefunden. Und Papa hat gesagt, die kommt vom Haselweibchen.“

„Was ist denn ein Haselweibchen?“ fragte Micha.

Der Vater nahm den Haselzweig . „Siehst du hier die roten Puschel? Das sind die Haselweibchen.“

„Und die Haselkätzchen sind die Männer und die Haselnuß ist ihr Kind.“

Jetzt musste Micha lachen. „Wie geht denn das?“

Der Vater holte gerade Luft, aber Marie rief: „Bitte Papa, erklär jetzt nicht wieder alles lang und breit. Weißt du Micha, sonst wird das wie mit den Tannenzapfen.“ Marie gab ihm einen in die Hand. „Da hat Papa auch angefangen und gesagt, dass diese Zapfen von den Rottannen sind und nicht von Weißtannen. Wo doch jeder weiß, dass Tannen immer grün sind.“

„Ich meinte doch das Holz, Mariechen. Das Holz ist mal weißlich und mal rötlich. Und…"

„Und dann waren wir jedenfalls in unserm Tannenwäldchen, weißt du Micha. Und du wirst sicher erraten, wen wir da getroffen haben." Micha schaute auf den abgeknabberten Zapfen und sagte: „Natürlich. Das war das Eichhörnchen."

„Und woher ist die Rinde hier?" fragte Marie gespannt.

„Von einem Baum, von einem Baum. Aber von welchem?" Micha musste überlegen. Aber Marie hielt es nicht aus und rief:

„Von dem, der über dem Bach liegt. Und du, Micha, heute habe ich's geschafft. Heute bin ich ganz allein rübergelaufen."

Das fand Micha natürlich bewundernswert. Er sah es richtig vor sich, das kleine Mädchen, das da leichtfüßig über den Bach balancierte und lachte.

„Jetzt kommen die Steine aus dem Bach. Da war nämlich noch was Komisches." Marie spuckte auf einen Stein. „Man muss sie nass machen. Dann glänzen sie so schön, wie im Wasser."

„Als Marie die Steine holen wollte, hatte ich Angst und schrie: ‚Fall bloß nicht rein!'" sagte die Mutter und lachte schon im voraus, denn es zeigte sich, dass sie dann selbst reingefallen war oder wenigsten reingetreten. Und dann hatte sie ganz nasse Füße, und der Vater hatte ihr einen von seinen Socken geliehen. Warum nicht beide, wurde jetzt diskutiert. Aber Marie rief:

„Jetzt kommt die Feder. Du rätst es nie! Die ist nämlich von der Weihgabel."

„Gabelweihe heißt der Vogel", sagte der Vater. „Jetzt waren wir schon auf dem freien Feld vor dem Kletterfelsen, weißt du. Und da kreiste diese wunderbare – also jetzt wollte ich auch schon Weihgabel sagen – aber sie heißt Gabelweihe. Gabelweihe. Einer von unseren einheimischen Raubvögeln. Mit gegabeltem Schwanz..."

Micha hatte sie oft fliegen sehen, ruhig und elegant. Wenn man eine Weile hinsah, meinte man selbst, dieses Körpergefühl zu haben, leicht, schwebend und doch sicher. Micha strich über die braungemusterte Feder. Das Vogelgefühl war auch jetzt in seinem Körper.

„Geklettert sind wir aber diesmal nicht", sagte Marie mit einem Anflug von Trauer. „Du hast uns gefehlt."

„Dafür sind wir dann gleich ins Gasthaus gegangen", sagte die Mutter und schwenkte den Bierdeckel. Darauf stand „Goldbräu in der Tannenschenke". Und augenblicklich hatte Micha den frischen, kühlen Biergeschmack im Mund. Sein Mund erinnerte sich an die Tannenschenke.

Marie nahm das Zuckerstück, und da fingen alle an zu lachen. Micha lachte zögernd mit, weil er ja noch nicht wusste, was da Komisches passiert war.

„Da war nämlich", Marie konnte kaum sprechen vor lachen.

„Da war nämlich so ein Mann, der hat immerzu Kaffee getrunken. Und jedesmal, wenn die Bedienung ihm eine Tasse gebracht hat, du weißt schon, mit so 'nem Zuckerstückchen und Milchdöschen, dann hat er gesagt:

‚Etz hams mer scho wieder so a Zückerle gebn. I will an anständigen Zucker!'

Und siehst du, das ist jetzt so ein ‚Zückerle'."

„Auf dem Tisch festkleben und vergolden müßte man die Sachen", sagte Micha und schaute gerührt auf das kleine Sammelsurium.

Es waren eigentlich nicht die Dinge, die er betrachtete, sondern die Bedeutung der Dinge in ihrem Wandel. Das Abbild der Dinge, das wiederum ein Bild vom Leben in ihm entstehen ließ.

In seinem Innern zogen viele, viele andere schöne Tage vorbei, die er mit Schwester und Schwager und mit der kleinen Marie erlebt hatte. Betrachtete er jeden dieser Tage, so war es eine lange, goldene Kette.

„Ich danke euch“, sagte er, müde und zufrieden.

Der kurze Besuch eines Engels

Es war Abend. Nanina saß in ihrem Bett und sah sich ein Märchenbuch an. Das Bett war ein Klappsofa und gehörte Oma.

Nanina war vier Wochen lang bei ihr zu Besuch.

Eben kam Oma herein und brachte den Schlaftrunk, einen Verveine-Tee. Nanina nahm den Becher und sagte: „Jetzt kommt Mama bald und holt mich ab."

„Woher weißt du das denn? Sie hat doch gar nicht angerufen."

Nanina verstand nicht, warum Oma so komisch fragte.

„Ich weiß es eben", sagte sie und schien eifrig das Märchenbuch zu betrachten.

Oma hatte ein feines Gespür für das, was wichtig war. „Ich möchte dir gerne eine Geschichte erzählen", sagte sie. Nanina sah ins Märchenbuch.

„Es war einmal ein Engel", begann Oma, „der wollte gerne ein Mensch werden. Aber er wollte auch wieder nicht. Er wollte so gerne zu den guten Menschen auf der Erde. Aber er wollte nicht den Krieg und all das Kaputte. Das gefiel ihm nicht so. Darum wollte er nicht. Dann wollte er wieder. Dann wieder nicht. Er konnte sich einfach nicht entscheiden."

„Da ging es ihm ja wie mir auch manchmal, wenn ich nicht weiß, was ich machen soll", sagte Nanina.

„Der Engel fragte andere Engel, was er machen solle. ‚Geh mal zu Besuch. Dann wirst du schon sehen', sagten die.

Als der nächste Regenbogen kam, ging also der Engel darauf zur Erde. Er ging zu Mama, weil die so nett ist. Es dauerte eine Weile. Es ist nämlich nicht leicht, ein Mensch zu werden.

Als er dann endlich ein Mensch war, gefiel es ihm nicht. Er merkte, dass er kein richtiger Mensch werden konnte."

„Das ist doch aber schade", sagte Nanina. „Und Mama?"

„Mama gefiel er. Sie wollte ihn behalten, denn er sah so niedlich aus. Wie ein Engelchen eben. Sie hatte ganz vergessen, dass Besuch nie bleibt. Jeder weiß doch, dass Besuch kommt, mal länger mal kürzer bleibt und dann wieder geht. Der Engel blieb eine kleine Weile, und dann ging er wieder.

Da haben Papa und Mama geweint. Der kleine Engel sagte: ‚Weint doch nicht. Wenn ihr so viel weint, dann kann ich nicht mehr fliegen. Dann sind meine Flügel zu schwer.' Aber Papa und Mama mussten trotzdem weinen. Und damit du nicht auch weinst, darum bist du hier bei mir, damit ich dir alles erklären kann."

Nanina rührte in ihrem Tee.

„Haben sie jetzt aufgehört zu weinen?" fragte sie dann, und ihre Stimme war ganz klein.

„Ja", sagte Oma. „Jetzt haben sie verstanden, dass sie für kurze Zeit einen Engel zu Besuch hatten."

Nanina war ganz still geworden. Sie wunderte sich, woher Oma das alles wusste.

„Bin ich denn kein Engel gewesen?" fragte sie.

„Nein", sagte Oma mit ihrer warmen Stimme. „Du bist doch ein Menschenkind. Du gehörst auf die Erde. Aber Engel, weißt du, die kommen und gehen. Sie kommen oft, aber sie können nicht auf der Erde wohnen."

„Ich bin froh, dass du mir das alles erzählt hast", sagte Nanina.

Oma wusste nicht so ganz, was sie davon halten sollte. Sie nahm Nanina den Becher ab und legte das Märchenbuch auf den Tisch. Aber gerade, als sie Nanina noch einmal auf den

Schoß nehmen wollte, hatte die sich schon in ihre Kissen gekuschelt und war zufrieden eingeschlafen.

Oma schrieb die Engelsgeschichte auf. Als Mama am nächsten Tag kam, um Nanina abzuholen, gab Oma ihr die Geschichte mit. Das war für Mama und Papa ein großer Trost, denn nun mussten sie nicht verstummen und nichts verheimlichen, sondern fanden Worte, um auch mit Nanina über alles reden zu können, was sie bewegte.

Bäume fällen tut er nicht

Dann nimmt er den Schwamm und wischt den oberen Teil einfach weg", sagte Tim.

„Was ist?" fragte der alte Gandezki. Er hörte schwer und das Sägeband war laut.

„Guck doch", sagte Tim etwas lauter. „Den oberen Teil der Berge hat er weggewischt."

„Wer hat was?" fragte Gandezki.

„Weiß ich ja auch nicht!" schrie Tim.

Gandezki stellte die Säge ab. Er setzte sich neben den kleinen Tim und zündete sich eine Pfeife an.

„Jetzt guck aber auch", sagte Tim und zeigte energisch auf die Berge ringsum. Der obere Teil des Gebirges war im weißen Nebel verschwunden.

„Gefallen Gott die Berge nicht? Wischt er sie deshalb so oft weg?"

„Genauso oft zeigt er sie uns doch auch wieder", sagte Gandezki.

„Gar nicht!" Tim runzelte seine kleine Stirn und schaute böse in die Ferne. „Meinen Papa hat er auch weggewischt."

Seit zwei Wochen kam Tim jeden Tag nach der Schule zum alten Gandezki und sah ihm beim Brettersägen zu. Überall sonst fühlte Tim sich wie in einem luftleeren Raum, denn niemand wusste so recht, was und wie man nach diesem schrecklichen Schicksalsschlag mit Tim reden sollte. Und um nichts Falsches und Unpassendes zu sagen, sagte man lieber gar nichts. Aber für Tim war das nicht gut.

„Du könntest mir wirklich mal helfen, das Sägemehl wegzufegen", sagte jetzt Gandezki. Er hatte einen Ein-Mann-Betrieb, und seine Säge sägte immer nur ein Brett auf einmal.

„Ne", sagte Tim. „Das hat doch alles keinen Sinn."

Er hatte eine riesige Wut im Bauch. Auf den Baum war er wütend, der seinen Vater erschlagen hatte. Auf seinen Vater, der so ungeschickt gewesen und nicht rechtzeitig zur Seite gesprungen war. Auf den Doktor, der seinen Vater nicht retten konnte, sondern nur seinen Tod bestätigt hatte. Er war wütend auf die Männer, die den Sarg in die Erde gesenkt und zugeschaufelt hatten. Ja, er war sogar wütend auf seine Mutter, die jetzt nur noch arbeitete oder weinte, während sie früher oft mit ihm gespielt und gelacht hatte. Er war wütend auf die anderen Kinder in der Schule, die ihren Vater noch hatten. Und er war wütend auf sich selbst, weil er so wütend war und sich nicht zu helfen wusste. Er war auch wütend auf den Pfarrer, der am Grab etwas vom Sinn des Lebens und des Sterbens gesagt hatte.

„Das hat doch keinen Sinn, Gandezki, oder? Was soll das denn für einen Sinn haben, dass mein Vater gestorben ist?"

„Ne, das hat keinen Sinn", sagte Gandezki, stellte die Säge wieder an und sägte das nächste Brett aus dem Fichtenstamm.

Tim blieb verdattert sitzen. Gandezki war der erste und einzige, der frei heraus sagte, dass das keinen höheren Sinn hatte. Da brauchte Tim ja nun nicht länger zu grübeln. Aber irgendwie war ihm das auch nicht recht.

„Meinst du, dass Gott etwas macht, das keinen Sinn hat?" schrie er über die Säge hinweg.

„Wer hat Macht?" fragte Gandezki und legte den Fichtenstamm zurecht, um das nächste Brett zu sägen, das jetzt ein wenig breiter ausfiel als das vorige. Tim stand auf und holte den Besen.

„Vielleicht hat Gott gar keine Macht über das alles", dachte er jetzt. „Aber wenn er einen Baum wachsen lassen kann, was ja kein Mensch fertigbringt, warum muss er ihn dann ausgerechnet auf meinen Papa fallen lassen?"

„Vielleicht interessiert er sich einfach nicht mehr für die Leute hier hinten im Tal", rief er. Aber Gandezki hatte wieder nur etwas vom Leuchten im Tal verstanden. Als er die Säge abstellte und zufrieden auf seine fünf Bretter sah, kehrte Tim den Rest des Sägemehls zusammen und tat es in einen Sack.

„Kannste mitnehmen, das brennt lange", sagte Gandezki. Er setzte sich mit dem Jungen auf einen Bretterstapel und gab ihm ein Stück Brot; auch einen Apfel, den er sorgfältig mit seinem Taschenmesser zerteilte.

„Schicksal ist nun mal Schicksal", sagte er. „Da kann man nicht dran rütteln. Man soll auch nicht nur auf die Dinge und Ereignisse starren, verstehst du, sondern auf die Bewegung, die dadurch entsteht, auf den Wechsel und Wandel. Das eine ist das Schicksal und das andere ist das, was jeder daraus macht, wie er damit umspringt. Nimm mal dich", sagte Gandezki zwischen zwei Bissen. „Niemand will mit dir reden vor lauter Trauer. Da kommst du zu mir und wir reden. Wir sägen und essen und reden. Wir verstehn uns zwar mal mehr, mal weniger, aber das macht Sinn."

Tim biss große Bissen von seinem Brotkanten ab und ließ Gandezki reden.

„Vielleicht reden wir mal über das Leben von deinem Vater, dem Holzfäller. Nicht bloß über sein Sterben. Sein Leben hat sich im Wald abgespielt, mit den Bäumen. Er kannte jeden Baum mit Namen und Alter. Er konnte seine Kubikmeterzahl schätzen. Er kannte die Berge mit Wind und Wetterverhältnissen. Sein Sterben war Schicksal. Das hat er nicht gemacht. Aber aus seinem Leben, da hat er was gemacht. Und das will er auch von dir, dass du aus deinem Leben etwas machst. Sterben tun wir ganz von alleine. So, jetzt ist meine Gurgel aber trocken!“ Gandezki trank Bier aus einer kleinen grünen Flasche. Tim war nicht überzeugt.

„Dann müsste er aber da sein, mein Papa“, sagte Tim. „Damit er mir das sagen kann und nicht einfach so abhauen und mich alleine lassen.“

„Ist doch komisch.“ Gandezki wischte sich den Mund mit dem Ärmel ab, klappte sein Taschenmesser zu und wies dann mit einer großen, runden Geste zu den Bergen hinauf. „Wenn der Nebel kommt, sieht es so aus, als ob die Oberberge weg wären, weggewischt, wie du sagst. Aber guck jetzt mal hin. Du siehst, sie sind noch da und waren die ganze Zeit da, groß und schön und uns ganz nah. Damit will der Herrgott uns was zeigen, nämlich dass nicht nur das da ist, was man sehen kann. Das Unsichtbare ist auch immer da. So was macht der Herrgott. Bäume fällen tut er nicht.“

Gandezki stand auf, schaltete den Strom aus und schloss die Sägemaschine ab. Dann ging er mit dem Jungen nach Hause. Tim dachte über das Gehörte nach. Zum ersten Mal seit jenem traurigen Ereignis freute er sich fast schon ein wenig auf den nächsten Tag.

Taubenbriefe

Fräulein Sommer war ihr Leben lang Lehrerin gewesen. Nun war sie pensioniert, und ehe ihre alten Beine ihr den Dienst versagten, fuhr sie noch einmal in ihr Lieblingsland. Das war Italien.

Noch einmal schaute sie sich die schönen Kirchen und Gemälde an, die Madonna mit dem Zeisig, den heiligen Franz von Assisi und den tapferen Ritter Guidoriccio da Fogliano.

Auch in die kleine Stadt der vielen Türme fuhr sie, die hoch auf dem Hügel liegt. Aber weil sie in den engen, steilen Gässchen nur noch schwer laufen konnte, blieb sie nur zwei Tage. In der ersten Nacht schlief sie fest und lange. Aber in der zweiten Nacht schlief sie schlecht und wachte schon um sechs Uhr in der Frühe auf.

Vor ihrem Fenster gurrten und flatterten die Tauben. Sie sah eine große Menge von ihnen auf dem gegenüberliegenden Dach und an der Giebelwand sitzen. Nach einer Weile bemerkte sie, dass die Tauben von dem Wasser tranken, das aus einer undichten Stelle aus der Leitung zu tropfen schien. Sie schubsten sich dabei gegenseitig weg, damit jede mal an das kühle Nass kam. Dadurch entstand das Geflatter und Gurren, das sie geweckt hatte.

Nachdem die Lehrerin dem Treiben eine Weile zugeschaut hatte, stand sie auf, zog sich an und ging hinunter in das Frühstückszimmer des Hotels. Als sie um acht Uhr in ihr Zimmer zurückkam, waren alle Tauben verschwunden.

„Merkwürdig“, dachte Fräulein Sommer, packte ihre Koffer und fuhr wieder nach Hause.

Der Gedanke an das sonderbare Verhalten der Tauben ließ ihr aber keine Ruhe. So setzte sie sich schließlich hin und schrieb in einwandfreiem Italienisch und ihrer wunderschönen Lehrerinnenhandschrift einen Brief an den Portier des Hotels. Sie habe in Zimmer 32 gewohnt, schrieb sie und da habe sie die Tauben am gegenüberliegenden Giebel beobachtet, von sechs bis acht und so und so. Und nun wüsste sie doch zu gerne, ob das jeden Morgen so sei mit den Tauben. Und ob man nicht vielleicht diesem Nachbarn sagen müßte, dass seine Wasserleitung undicht sei?

Der Portier las den Brief und dachte: „Wieder so eine verrückte Touristin." Aber am nächsten Morgen um halb sieben ging er doch zum Flurfenster neben Zimmer Nummer 32 und schaute hinaus. Und tatsächlich! Am gegenüberliegenden Giebel wimmelte es von Tauben. Als er um acht Uhr wieder hinausschaute, waren sie verschwunden.

Nun wurde er neugierig und sah jeden Tag nach. Immer bot sich von sechs bis acht das gleiche Taubenschauspiel. Das schrieb der Portier dann auch an Fräulein Sommer nach Deutschland. Übrigens tropfe das Wasser nicht aus der undichten Leitung, sondern komme aus einem kleinen Rohr direkt aus der Wand. Um acht Uhr allerdings höre es auf zu tropfen. Darum kämen dann die Tauben auch nicht mehr. Nur ab und zu komme noch eine Nachzüglerin.

„Und Sie glauben nicht, wie komisch es aussieht", schrieb der Portier, „wenn diese Taube dann ihren Schnabel unter die Wasserstelle hält und nichts passiert. Dann dreht sie ihren kleinen Kopf verdutzt nach rechts und nach links so, als wolle sie sagen: Bin ich jetzt verrückt, oder seid ihr es?"

Über diesen Brief freute sich die alte Lehrerin sehr. Das schrieb sie auch dem Portier nach Italien, übrigens einem gewissen Signor Pedrello. Und sie fragte ihn, was es wohl mit dem kleinen Rohr auf sich habe, aus dem das Wasser tropfe.

Nach einer Weile antwortete Signor Pedrello und schrieb, er glaube, das kleine Rohr sei ein Wasserüberlaufrohr, und es tropfe nur so lange wie die Leute am Morgen die Dusche, die Badewanne und die Waschbecken benutzten. Das wüssten offenbar auch die Tauben. Darum kämen sie nur von sechs bis acht. Ob Signorina Sommer denn bemerkt habe, dass auch die Turmdohlen zu dem Wasser geflogen kämen. Anders als die Tauben würden sie beim Trinken immer den Schnabel nach oben recken, um das Wasser durch ihre Kehlen rinnen zu lassen, denn sie könnten offenbar nicht schlucken.

Auch diesen Brief fand Fräulein Sommer sehr interessant und fragte nun ihrerseits den Portier, wie das Ganze denn im Winter aussehen werde.

Signor Pedrello schrieb, dass er das jetzt noch nicht sagen könne. In seiner Gegend habe es vor zehn Jahren das letzte Mal gefroren und geschneit. „Aber jetzt mal abgesehen von den Tauben. Signorina Sommer erinnern sich doch sicher noch an Laetitia, die kleine Blonde, die immer das Frühstück serviert hat? Nun, sie hat geheiratet, und zwar den Sohn vom Café gegenüber. Die beiden wollen in Poggibonsi zusammen eine Bäckerei eröffnen."

So erfuhr die alte Lehrerin im Laufe der Zeit noch viel aus der kleinen italienischen Stadt, die sie nun nicht mehr besuchen konnte. Signor Pedrello erfuhr seinerseits so einiges aus einer kleinen deutschen Stadt, die er nie sehen würde. Auch seine Knie waren nun alt und unbeweglich und Fräulein Sommer schrieb, dass das Einreiben mit Immortellenöl Wunder wirke und die Schmerzen erheblich lindere.

Signor Pedrello wohnte jetzt in einem kleinen Zimmer neben Nummer 32, denn er arbeitete nicht mehr. Er war ein richtiger Tauben- und Dohlenkenner geworden. Eines Tages brachte die Post den letzten Brief zurück, den er an Fräulein Sommer nach Deutschland geschrieben hatte. „Unzustellbar, da verstorben" stand darauf. Signor Pedrello ließ es sich vom Postboten übersetzen.

Am nächsten Morgen sah er eine weiße Taube an den Wassertropfen nippen. Das wunderte ihn, denn weiße Tauben waren in dieser Gegend äußerst selten.

Die himmlischen Dosen

Herr Braumüller war ein angesehener Rechtsanwalt und Gemeinderat gewesen. Darum kamen jetzt viele Menschen in die Friedhofskapelle, um Abschied von ihm zu nehmen. Doch jeder, der an den offenen Sarg herantrat, stutzte und ging dann etwas verwirrt weiter.

Am Fußende des Sarges lagen zwischen all den Blumen zwei leere Spinatdosen. Sie waren mit einem Bindfaden zusammengebunden. Und das war wohl die merkwürdigste Grabbeigabe, die es in Nufringen je gegeben hatte. Und noch etwas fiel auf: Herr Braumüller lag im Sarg mit einem Lächeln auf dem Gesicht, so als sei er höchst zufrieden mit allem, was um ihn herum geschah.

Neben dem Sarg standen seine beiden Enkelkinder Wolfi und Minzi. Ehe der Sarg geschlossen wurde, um zu Grabe getragen zu werden, streichelten sie ihrem Großvater noch einmal über das ergraute Haar und flüsterten ihm etwas ins Ohr. Darauf schien er noch mehr zu lächeln.

„Was habt ihr euerm guten Großvater noch gesagt?" fragte Frau Gärtlein mitleidig und auch neugierig.

„Opa ist nun für immer entschlafen", antwortete Minzi, ein wenig altklug. Und dann fügte sie leise und verschmitzt hinzu: „Aber sowie die Beerdigung vorbei ist, wird er sich heimlich mit seinen Dosenstelzen davonmachen."

Verwirrung spiegelte sich auf Frau Gärtleins gutmütigem Gesicht. „Was meinst du denn damit, Kind?" fragte sie besorgt.

Aber das zu erklären ging über Minzis Kräfte. Sie war ja

schließlich erst fünf, und Wolfi war auch nicht viel älter. So erfuhr Frau Gärtlein erst sehr viel später, was in der Familie Braumüller alles vorgefallen war, ehe der Großvater so plötzlich starb.

Alles hatte damit angefangen, dass Mama keine Zeit hatte, um mit Wolfi und Minzi in die Schulferien zu fahren. Da blieb als letzte Rettung mal wieder nur die Oma.

„Ich will aber nicht zu Oma“, sagte Wolfi.

„Ich auch nicht“, sagte Minzi.

Mama packte die kleinen Koffer. Fünf Hemden, drei Hosen, sieben Socken für jeden. Das müßte reichen.

„Ich hab gesagt, ich will nicht zu Oma“, fing Wolfi wieder an.

„Ich auch nicht“, sagte Minzi.

Fünf Unterhemden, fünf Unterhosen, die Turnschuhe.

„Gib mal den Badeanzug rüber, Minzi.“

„Oma kann nicht rennen und nix“, maulte Wolfi.

„Und immer muss man langsam gehen und artig sein“, sagte Minzi.

„Und andauernd hat sie Angst, dass einem was passiert.“

„Ja, nix darf man. Nicht klettern und nix!“

Mama packte weiter und schien gar nicht hinzuhören. Jetzt war der eine Koffer fertig und sie klappte ihn zu. „Oma kann sehr schön backen und kochen und hat viele Spiele und Bücher“, sagte sie so nebenbei.

Wolfi versuchte es noch einmal: „Aber schmatzen und schlürfen darf man bei ihr nie und immer muss man grade sitzen.“

„Ja immer!“

„Minzi hör doch mal auf, dem Wolfi immer hinterherzuplappern.“ Mama war jetzt ärgerlich. Sie bekam das Schloss am zweiten Koffer nicht zu. Und dann klingelte es auch schon an der Tür. Oma kam, um die Kinder abzuholen.

„Pack nicht so viel ein, Lilo", sagte sie zu Mama. „Ich kann ja auch mal zwischendurch waschen."

Mama streichelte Oma dankbar die Hand. Wolfi merkte, dass sie irgendwie müde war. Er ging in die Küche und stellte die Kaffeemaschine an. Minzi stieg auf einen Stuhl und holte die Tassen runter. „Sei jetzt aber ruhig", sagte sie zu ihrem Bruder.

Dann tranken alle zusammen Kaffee oder Milch und Oma sagte: „In unserm großen Garten wird es euch jetzt gefallen. Und denkt mal, Opa ist jetzt pensioniert."

„Was ist denn psioniert?" fragte Minzi.

Als die Kinder erfuhren, dass Pensionierte nicht mehr zur Arbeit gehen müssen, schlugen sie vor, dass Mama jetzt auch pensioniert sein sollte. Das schien nicht zu gehen. Aber das mit Opa war ja nun auch schon ziemlich schön.

„Kann ich eine Honigsemmel?" fragte Minzi am nächsten Morgen.

„Werden?" Opa lachte. Das war ein uralter Spaß.

Aber Oma hatte schon eine Semmel vorbereitet.

„Heute Morgen, als ich aufgewacht bin, da war die Wand auf der falschen Seite. Da wollte ich beinahe in die Wand rein aufstehen", berichtete Wolfi und nahm sich schrecklich viel Müsli.

Oma erklärte Opa, wie er den Haushalt zu machen habe, denn sie wollte heute mit dem Kirchenchor wegfahren.

„Du Oma..." sagte Minzi.

„Gleich, Kind!"

Oma fragte Opa, was er heute kochen wollte.

„Na vielleicht Ei im Grünen", sagte der. Wolfi freute sich, denn er dachte, das sei etwas mit Picknick. Aber Opa erklärte ihm, dass das Spinat mit Spiegelei sei. Und den Namen habe sich die Mama ausgedacht. Als sie noch klein war, versteht sich.

„Mochte die denn Spinat?“ Wolfi konnte das kaum glauben.

„Du Oma…“ sagte Minzi.

„Jetzt sei mal einen Moment ruhig, Kind“, sagte Oma und erklärte Opa, dass das Spinatputzen ziemlich viel Mühe mache.

„Na, ich kann ja auch eine Dose kaufen“, sagte Opa und Oma wollte ihm das ausreden.

„Du Oma…“ sagte Minzi.

Oma wurde ganz ärgerlich. „Wenn du jetzt noch ein einziges Mal Oma sagst, dann gehst du raus.“

Da machte Minzi ihre Stimme ganz klein und fein und sagte: „Könnte ich bitte noch eine Honigsemmel haben, Frau Braumüller?“

So war Minzi. Man konnte ihr einfach nicht böse sein.

Nach dem Frühstück stand Oma in Hut und Mantel da und sagte: „Ich muss jetzt gehen. Hoffentlich schaffst du es, Opa!“ Sie lachte. „Es ist ja nicht leicht mit den Enkelkindern und allem.“

„Aber klar doch“, sagte Opa und versuchte Oma sanft zur Tür hinauszuschieben. Oma hatte irgendwie viel mehr Angst als Opa, dass alles nicht klappen könnte. Sie wollte beinahe nicht gehen. Am Gartentor drehte sie sich noch einmal um und sagte: „Wenn du einkaufen gehst, schau auch im Kühlschrank nach, ob was fehlt.“

„Tschühüs“, rief Opa und machte die Tür zu.

„So! jetzt mal rann an den Speck!“ sagte er dann zu den Kindern und rieb sich die Hände.

„Was denn fürn Speck?“ fragte Minzi.

Opa erklärte, dass das so eine Redensart sei, wenn man etwas Besonderes machen wolle. Aber was das jetzt eigentlich sein sollte, das wusste er auch nicht so genau. „Ich habe ja immer nur im Büro gearbeitet“, sagte er entschuldigend.

„Und jetzt bist du psoniert. Und Oma sagt, darum bist du oft primiert. Ist das was Schlimmes?“

„Ach Minzi“, sagte Opa und seufzte. „Das Wort heißt depri-miert und bedeutet traurig. Es ist eben nicht so leicht, sich auf eine neue Lebensart einzustellen.“

„Meine Schule ist auch eine neue Lebensart“, sagte Wolfi. Er verstand seinen Opa.

„Paperlaplum paperlaplap
Wir haun ab, wir haun ab.“

Opa fing plötzlich an zu singen, nahm einen Einkaufskorb und rannte zur Tür hinaus.

„Renn doch nicht so“, rief Wolfi. Aber Opa sagte, er renne nicht, er mache Jogging, und das mache jeder, der etwas auf sich halte.

„Was hältst du denn auf dich, Opa?“ fragte Minzi.

Opa musste sich erst wieder an die „Lebensart“ mit Kindern gewöhnen.

„Paperlapap“, sagte er, gab Wolfi den Korb, nahm an jede Hand ein Kind und hopste mit ihnen die Straße entlang zum Laden.

„Ei im Grünen, Ei im Grünen.
Äpfel, Nüsse und Rosinen,
Mandarinen, Mandarinen,
Und natürlich Apfelmus,
Weil Minzi so viel essen muss.“

„Gar nicht“, sagte Minzi. „Das ist der Wolfi, der immer so viel isst.“

Jetzt waren sie im Laden angekommen. Minzi hatte das Regal mit den Eiern entdeckt. Während sie eine Schachtel rausnahm, fiel die andere runter. Rührei. Aber Opa lachte nur, schob die Schachtel unauffällig unter das Regal zurück und sagte: „Weißt du, was die Henne zum Kücken sagte, als es gerade sein Ei zerpickte, um rauszuschlüpfen? ‚Kaum geboren und schon alles kaputtmachen!‘“

Dann nahmen sie Kartoffeln und Zwiebeln, Milch und Joghurt und saure Sahne.

„Opa, hier sind die Dosen“, rief Wolfi und ließ gleich eine zu Boden fallen. Minzi stellte sich drauf und rief: „Jetzt bin ich so groß wie der Wolfi.“

„Ne, jetzt nicht mehr“, sagte Wolfi und stellte sich ebenfalls auf eine. Es dauerte einen Moment, bis Opa verstanden hatte, dass es sich hier um Dosen mit Spinat handelte.

„Halt“, rief er, als Minzi schon wieder ins Regal griff.

„Das sind doch keine Laufdosen. Gebt mal her.“

Aber dann fiel ihm etwas ein:

„Als eure Mama klein war, da habe ich ihr Dosenstelzen gemacht.“ Und weil die Kinder nicht wussten, was das war, stellte er ihnen unter jeden Fuß eine Dose und erklärte, dass man Löcher reinbohren und Bindfaden durchziehen müsse. So Schlaufen, die man dann in die Hände nähme.

„Aber dann fließt doch der ganze Spinat raus?“ sagte Minzi.

Opa erklärte gerade, dass sie natürlich zuerst den Spinat rausessen würden, da kam die Verkäuferin. „Was machen Sie denn da am Fußboden?“ fragte sie.

Opa versuchte zu erklären, dass er den Kindern gerade zeige, wie Dosenstelzen funktionierten. Aber die Verkäuferin hörte gar nicht zu.

„Die Kinder können doch nicht einfach auf den Dosen rumtreten. Jetzt müssen Sie sie auch kaufen."

„Natürlich", sagte Opa. „Das wollen wir ja gerade. Vier Dosen Spinat, bitte."

„Sechs", rief Wolfi. „Du hast doch auch zwei Füße. Hast du die vergessen?"

„Wird bei Ihnen der Spinat mit den Füßen gegessen?" fragte die Verkäuferin und hoffte, dass diese merkwürdigen Menschen bald den Laden verlassen würden. Das taten sie auch. Und zwar singend: „Ei im Grünen, Ei im Grünen..."

Der Tag ging so herrlich weiter, wie er angefangen hatte. Opa schüttete den Spinat aus sechs Dosen in einen Topf. Die Kinder wuschen die Dosen aus. Dann wurden in Opas Werkstatt Löcher gebohrt und Bindfäden in jeweils der richtigen Länge durchgezogen.

Na, und dann ging's erst richtig los. Erst laufen und dann wettlaufen lernen. Auf Steinfußboden machte es besonders schön Krach.

Als Oma am Abend nach Hause kam, sah sie als erstes den großen Topf mit Spinat.

„Was ist denn das?" rief sie. „Wollte euer Großvater ein ganzes Kinderheim ernähren?"

„Ne", riefen die Kinder vergnügt. „Das war doch nur wegen den Dosen." Und sie zeigten der Oma stolz ihre Dosenstelzen.

Oma musste schmunzeln. „Typisch Opa", sagte sie. „Wo ist er überhaupt?"

„Er macht sein Mittagsschläfchen", sagten die Kinder.

„Jetzt um sechs? Da muss ich ihn aber mal wecken", sagte Oma und ging nach oben. Lange kam sie nicht wieder.

Endlich gingen die Kinder auch nach oben. Opa saß in seinem Lehnstuhl. Er schlief und lächelte dabei. Und hinter ihm stand Oma und hatte die Hände auf seine Schulter gelegt.

„Euer Opa ist für immer eingeschlafen“, sagte sie und die Tränen liefen wie zwei kleine Bäche aus ihren Augen und über die Wangen. Liefen einfach so und tropften auf die Bluse. Immerzu, ohne dass Oma richtig geweint hätte, so wie Kinder weinen.

Wolfi und Minzi waren ratlos.

Zum Glück kam Mama am selben Abend und erklärte ihnen alles.

Es klingt komisch, aber noch viele Jahre hielten Wolfi und Minzi diesen Tag, an dem ihr Opa gestorben war, für den schönsten in ihrem Leben. Sie glaubten fest, dass er wieder eine neue Lebensart gefunden hatte. In ihren Gedanken sahen sie immer den fröhlichen alten Mann, wie er singend mit seinen Spinatdosen über die Wolken wanderte.

Der übergroße Tod

Luise Fiedler war Erzieherin. „Mit Leib und Seele“, sagten die Eltern, denn Frau Fiedler hatte keine eigene Familie. Sie wohnte im Kindergartenhaus, und viele „große“ Kinder kamen sie noch oft besuchen. Sie kannte jedes mit Namen.

Luise Fiedler mochte die „modernen Zeiten“ nicht. Besonders verabscheute sie das Fernsehen. Der Montag war für sie der schwerste Tag im Kindergarten. „Da sind meine Kleinen meist ganz durcheinander.“

Das schrieb sie dem Umstand zu, dass die Kinder am Wochenende besonders viel vor der Flimmerkiste hockten. „Das Meiste von dem, was sie da sehen, verstehen sie doch gar nicht. Die Eltern nehmen sich nicht die Zeit, es ihnen zu erklären. Und dann kommen sie hier an, den kleinen Kopf ganz zugestopft mit wirrem Zeug.“

Es wunderte sie darum auch nicht, dass eines Montags Steffi als erstes sagte: „Du, Luise, ich hab ganz was Scheußliches gesehen.“

„Im Fernsehen?“ fragte Luise gleich.

„Das hab ich auch gesehen“, rief Robert.

„Ja, das mit den toten Kindern“, sagte Evi. „Es kam in den Nachrichten. Und auch nachher noch.“

„Vom Krieg war das. In Jugoslawien“, sagte auch Hannes und die Kinder fingen an, alle durcheinander zu reden.

Luise blieb die Luft weg. „Durftet ihr euch das denn ansehen?“ fragte sie.

„Mein Papa hat geguckt. Und da war ich eben auch dabei“, sagte Robert.

„Meine Mama hat gesagt, ich soll rausgehen“, berichtete Steffi. „Aber da hatte ich es schon gesehen. Iiii, sah das aus!“

„Wenn meine Mama nicht da ist, sagt mein Papa nix. Ich darf nur nicht laut sein und ihn stören“, sagte Evi. Und Hannes berichtete etwas verschämt, dass er eigentlich nicht Fernsehen durfte. Er hatte unbemerkt in der Tür gesessen und der Fernseher hatte sich im Fenster gespiegelt.

„Willste mal sehen, wie die toten Kinder aussahen?“ fragte er.

Das wollte Luise eigentlich nicht. Sie konnte immer noch nicht verstehen, warum die Eltern ihre kleinen Kinder nicht vor solchen Bildern bewahrten.

„Aber es gibt doch tote Kinder in Jugoslawien. Das muss man ja wissen“, sagte Klaus. Er war der Älteste. „Man soll ja auch Mitleid haben.“

„Ich hatte so Angst“, sagte Steffi. „Sie sahen so unordentlich aus, wie sie da lagen.“

Und Robert fragte: „Warum schießen die Soldaten eigentlich Kinder tot? Die sollen doch bloß auf sich selber schießen, ich meine auf Soldaten.“

„Die können eben nicht so genau zielen. Da trifft's dann oft daneben. Dann trifft es eben alle, die da grad gehen“, sagte Klaus.

„Das sah aber so grässlich aus“, fing Steffi wieder an.

„Weil das Blut so rot ist. Das sieht man dann ja alles so. Warum ist bloß Blut so rot?“

„Willst du mal sehen, wie tote Kinder daliegen?“ fragte Hannes wieder.

„Was passiert überhaupt jetzt mit ihnen?“ fragte Evi. „Wer kümmert sich um sie?“

„Ich möchte bloß mal wissen, wie tot ist“, sagte Robert.

„Ist Jugoslawien weit weg?“ wollte Steffi jetzt wissen.

„Hier bei uns sah es auch mal so aus, nach dem Weltkrieg, hat mein Opa gesagt." Klaus redete so vernünftig, dass man vergessen konnte, dass er auch noch ein Kindergartenkind war und dass ihm die Bilder ebenso viel Angst gemacht hatten wie allen anderen Kindern.

Luise wusste, dass die Kinder jetzt irgend etwas brauchten. Aber was? Was würden ihre Erklärungen über Krieg und Sterben helfen? Sie war mit den Kindern in dem tiefen Gefühl des Nichtbegreifens versunken. Und als Hannes, der Kleinste jetzt wieder sagte: „Willst du es auch mal sehen, wie die toten Kinder dalagen?" sagte Luise: „Ja, zeigt mir das mal."

Da legten sich alle Kinder hin, neben- und übereinander, kreuz und quer. Sie machten die Augen zu und atmeten kaum. Manche machten den Mund auf. Zwei hielten sich an der Hand. So lagen sie eine ganze Weile, und es war ganz still, totenstill im Kindergarten. Die Ruhe teilte sich allen mit. Jeder fühlte sie, auch Luise.

Und dann standen die Kinder auf und fingen an zu spielen, zu malen und rumzurennen, so wie sie es immer taten. Sie waren in ihr eigenes Leben zurückgekehrt. Luise kaufte beim Gärtner einen Korb voll Primeln. Die pflanzte sie zum Gedenken am Nachmittag mit den Kindern in eine Ecke des Spielplatzes. Als die Kinder das alles zu Hause ihren Eltern erzählten, fingen viele an, über die Geschichte nachzudenken.

Der Starke

Es war einmal ein kleiner Junge, der kam aus einem Kriegsland. Da hatte er viel Schlimmes erlebt. Darum konnte er jetzt nachts nicht gut schlafen. Oft wachte er schreiend auf und auch am Tage hatte er viel Angst.

Er schlich noch immer an den Häuserwänden entlang, jederzeit bereit, sich in einem Kellerloch zu verstecken, obwohl doch gar kein Krieg mehr war. Wenn er irgendwo einen Auspuff knallen hörte oder jemand schrie, verkroch er sich sofort unterm Bett oder unter der Schulbank. Kurzum, er lebte in einer gefährlichen Vergangenheit, die ihn umschloss wie eine Nussschale.

Was war da zu tun?

„Ivo“, sagten die Kinder. „Sei doch nicht komisch. Hier gibt’s nichts zum Fürchten.“

Aber Ivo dachte: ‚Habt ihr eine Ahnung.‘

„Komm, Ivo“, sagte die Lehrerin. „Du kannst ganz nah bei mir sitzen. Und immer, wenn du magst, nehm ich dich bei der Hand.“

Ivo fand das nett. Er mochte seine hübsche Lehrerin gern. Aber er wusste genau, dass Frauen einen auch nicht vor Gewehrkugeln und Granaten beschützen können. Sie werden selbst getroffen.

Ivos Mutter sagte: „Junge, vergiß das alles. Wenn du heute nicht lebst, lebst du gar nicht mehr. Wir haben es bis hierher geschafft. Also nimm dich ein bisschen zusammen!“

„Ich will ja, aber ich kann nicht“, flüsterte Ivo, und die Angst ließ sein Herz schneller schlagen. Es wurde ihm oft schwarz vor den Augen.

Eines Tages traf Ivo seinen alten Onkel. Der freute sich, ihn wiederzusehen, und sagte:

„So. Der Starke hat dich also beschützt. Alle Achtung."

„Welcher Starke?" fragte Ivo erstaunt.

„Na, dein Starker. Den wirst du doch wohl kennen."

Ivo schüttelte den Kopf. Er wusste gar nicht, wovon der Onkel sprach.

„Na ja, man sieht ihn ja nur bei hellem Sonnenlicht. Wahrscheinlich hast du da noch nie hingeschaut", sagte der Onkel.

„Wohin?" fragte Ivo.

„Na hinter dich, wo dein Starker steht, der immer dahin geht, wo du auch hingehst."

Ivo schaute hinter sich, sah aber niemanden.

Am nächsten Tag, als die Sonne schien, ging der alte Onkel mit Ivo zu einer großen weißen Mauer. Ivo stellte sich davor und sah langsam über seine linke Schulter nach hinten, wie ihn der Onkel geheißen. Da stand ein riesengroßer Junge. Der Onkel zeigte auf ihn und sagte: „Das ist dein Starker!"

Die Sonne ging hinter eine Wolke, und der große Junge verschwand.

„Wo ist er jetzt?" fragte Ivo.

„Er ist noch da, nur unsichbar", sagte der Onkel. „Du kannst ihn am Rücken fühlen. Kannst du?"

Ivo merkte, dass sein Rücken irgendwie gerader und seine Arme stärker waren.

Jeden Nachmittag ging er jetzt mit dem Onkel an diesen Platz und prägte sich das Bild des starken Jungen ein. Wenn einmal die Sonne nicht schien, konnte er ihn sich bald trotzdem vorstellen, wenn er langsam über seine linke Schulter sah.

Einmal ging er sogar nachts mit dem Onkel hin und fürchtete sich kein bisschen, denn er wusste genau, dass der Starke da war. Klar, dass man ihn im Dunkeln nicht sehen konnte. Jetzt fühlte er an seinem Rücken, dass der Starke nicht nur an diesem Ort war, wo er ihn mal sah und mal nicht sah, sondern überall, wo er selbst war, immer und immer.

„Sag ich doch!"

Als einmal mit einem lauten Knall die Glasschüssel zersprang, weil der Onkel zu heißes Kompott hineingegossen hatte, standen Ivo und der Starke nur so da und sahen sich das an. Ivo verspürte gar keinen Drang, sich unter dem Sofa zu verstecken. Der Starke natürlich auch nicht.

„Beschützt der Starke mich vor dem Tod?" fragte er.

„Nein", sagte der Onkel, „denn alle Menschen müssen einmal sterben. Aber er beschützt dich vor der Angst, die zum Tode führt."

„Werde ich jetzt nie mehr in Gefahr kommen?" fragte Ivo weiter.

„Na, hör mal", sagte der Onkel und putzte seine Tabakspfeife. „Nenn mir bitte einen einzigen Helden, der nicht in Gefahr kommt. Der Starke und du, ihr beiden habt schon viele Gefahren bestanden, weil ihr im richtigen Augenblick das Richtige getan habt. Mal sich verstecken, mal hinzuspringen, mal vorsichtig sein, mal ein mutiges Wort wagen. So machen es doch die Helden!"

Ivo nickte. Der Starke nickte auch. Nachts im Bett unterhielten sich die beiden jetzt oft, manchmal im Wachen, manchmal im Traum. Da brauchte nun niemand mehr zu schreien.

23172945R00096

Printed in Poland
by Amazon Fulfillment
Poland Sp. z o.o., Wrocław